Puerto Rico y los Estados Unidos

El proceso de consulta y negociación de 1989 y 1990

Tomo I 1989

Juan M. García-Passalacqua
Carlos Rivera Lugo

Puerto Rico y los Estados Unidos

El proceso de consulta y negociación de 1989 y 1990

Tomo I 1989

EDITORIAL DE LA UNIVERSIDAD
DE PUERTO RICO
1992

Primera edición, 1990
Reimpresión, 1992
©1990 Universidad de Puerto Rico

Catalogación de la Biblioteca del Congreso
Library of Congress Cataloging-in-Publication Data

García-Passalacqua, Juan M.
    Puerto Rico y los Estados Unidos: el proceso de
    consulta y negociación de 1989 y 1990 / Juan M.
    García Passalacqua, Carlos Rivera Lugo -- 1. ed.
    p. cm.
    Includes bibliographical references.
    Contents: t. 1. 1989
             t. 2. 1990
    ISBN 0-8477-0891-8 (t. 1)
    ISBN 0-8477-0895-0 (t. 2)
    1. United States--Relations--Puerto Rico. 2. Puerto Rico-
    Relations--United States. 3. Plebiscite--Puerto Rico.
    I. Rivera Lugo, Carlos. II. Title.
    E183.8.P69G37 1990   90-22452
    327.7295073--dc20   CIP

Portada: Walter Torres
Tipografía y diseño: TopType

Impreso en Puerto Rico
Printed in Puerto Rico

EDITORIAL DE LA UNIVERSIDAD DE PUERTO RICO
Apartado 23322
Estación de la Universidad
Rio Piedras, Puerto Rico 00931-3322

Contenido

Esa letra que habla verdades
esa letra que habla realidades
esa letra que habla las cosas como son
y no como tú quieras.

Luis Rafael Sánchez
(La Guaracha del Macho Camacho, 1976)

Introducción y antecedentes históricos

Este libro se propone analizar, en dos tomos, para uso del pueblo puertorriqueño, los antecedentes, eventos e implicaciones del histórico proceso ocurrido en 1989 y 1990, sobre la relación política entre Puerto Rico y los Estados Unidos. Hemos respondido con agrado a la invitación de la Editorial de la Universidad de Puerto Rico, convencidos de que nuestro pueblo merece conocer a la mayor brevedad, los elementos claves de ese proceso de **negociación y consulta** entre los Estados Unidos y Puerto Rico, que no tiene precedente en nuestra historia.

Es importante señalar que este tomo tratará precisamente sobre el proceso de negociación y consulta que ya ocurrió en 1989. El segundo tomo tratará sobre el proceso de negociación y consulta ocurrido en 1990. Este no es un libro sobre el plebiscito de 1991, pues el hecho de una votación del pueblo de Puerto Rico sobre su status político es aún, a la fecha de esta publicación, un evento contingente, que puede o no realizarse en la fecha prevista.

Estamos convencidos, sin embargo, de que los eventos de los pasados veinte meses tienen ya una importancia histórica tal que merecen reseñarse y analizarse, precisamente como elemento de información pública, **antes** de la posible celebración de la consulta al pueblo. Nuestro énfasis será en el **proceso** ya ocurrido y sus efectos inmediatos en la historia de Puerto Rico.

Ese proceso se inició públicamente con la carta de los tres líderes políticos de la Isla: Rafael Hernández Colón, Baltasar Corrada del Río y Rubén Berríos Martínez, a los líderes de la Rama Ejecutiva y Legislativa de los Estados Unidos, el 17 de enero de 1989. La carta recibió respuesta en el Mensaje de Estado del Presidente de los Estados Unidos, George Bush, al Congreso, del 9 de febrero de 1989. Ambos documentos señalan el acuerdo entre el liderato político de ambos países de consultar al pueblo de Puerto Rico, **por vez primera** desde la invasión norteamericana de 1898, sobre la naturaleza de su relación con los Estados Unidos.

Hay que reiterar que el proceso mismo, su naturaleza y evolución, no tienen precedente en la relación entre la Isla y los Estados Unidos. Nunca antes se habían unido los tres sectores ideológicos del país en un esfuerzo común para producir legislación en el Congreso de los Estados Unidos. Nunca antes un Presidente incumbente había promovido legislación congresional para una consulta al pueblo entre las tres fórmulas de status. Nunca antes se habían expresado los organismos ejecutivos y legislativos de los Estados Unidos sobre el contenido específico de las tres fórmulas políticas tradicionalmente debatidas en Puerto Rico. En esos tres importantes sentidos, el proceso que reseñaremos es verdaderamente **único,** y, por esa razón, merece su publicación en este libro.

Es necesario, antes de entrar a analizar los eventos y documentos de este importantísimo proceso de negociación y consulta, realizar una breve relación de los antecedentes históricos. ¿De dónde viene esta decisión y esta ejecución?

El proceso histórico que enmarca los eventos de 1989 se inicia al finalizar la era de Luis Muñoz Marín en 1968. La figura y la gestión histórica de Muñoz Marín dominaron la política puertorriqueña y la relación con los Estados Unidos por treinta años, entre 1938 y 1968. Su retiro de la gobernación produjo una división en su Partido Popular Democrático, que generó un cambio radical en la estructura partidista puertorriqueña con la derrota de su partido en 1968. A partir de esa fecha, se han alternado en el poder isleño el Partido Popular Democrático y el Partido Nuevo Progresista. El fin de la era hegemónica de tres décadas motivó en los Estados Unidos el inicio de un proceso de reevaluación de la relación entre la metrópoli y Puerto Rico.

La primera interpretación norteamericana, producida por Kenneth Farr, estimó que la derrota del Partido Popular Democrático en 1969 se había debido a la incapacidad de Muñoz de institucionalizar el partido hegemónico en la Isla. Adujo su autor que su retiro anunciaba el fin de la era de "personalismo" en la política puertorriqueña, y que la institucionalización del PPD lograría el regreso de dicho partido al poder y el retorno de su hegemonía. El triunfo del Partido Popular Democrático en 1972 pareció darle la razón a tal interpretación. Sin embargo, el previsible triunfo del Partido Nuevo Progresista en las elecciones de 1976 motivó, desde un año antes, entre otras cosas, la iniciación de las evaluaciones norteamericanas sobre el futuro de Puerto Rico.

En 1975, el Secretario de Estado de Estados Unidos, Henry Kissinger, le encomendó a uno de sus principales ayudantes, C. Arthur Borg, la evaluación de la situación del status de Puerto Rico. La recomendación principal del analista fue que los Estados Unidos no podían permitirse el lujo de dejar que la situación política en la Isla continuase fluyendo sin "timonearla".

Al asumir la presidencia Jimmy Carter en 1977, se

continuó reevaluando la política hacia Puerto Rico. Un sector lidereado por funcionarios del Departamento de Estado, entre estos Eric Svendsen, promovió la idea de la independencia como la más favorable de las soluciones. Dicha posición gozó de apoyo en el Departamento de Estado aún durante la administración del presidente Ronald Reagan, como quedó ejemplificado con el caso de David Simcox, el cual sostuvo la necesidad de denegar cualquier solicitud de estadidad y comprometerse a promover la independencia, con o sin el apoyo del pueblo puertorriqueño.

Ya desde las elecciones de 1980, se concibió la posibilidad de un triunfo anexionista y la necesidad urgente de una política norteamericana para enfrentarse al reto que plantearía una solicitud inminente de estadidad en la década que iniciaba. Incluso, Alfred Stepan planteó, en la prestigiosa revista *Foreign Affairs,* que el caso de Puerto Rico constituía, para el gobierno de Estados Unidos, uno de los asuntos políticos de mayor importancia en el hemisferio americano. Asimismo, expresó que las circunstancias dictaban que un cambio era inevitable y que, por lo tanto, Washington tenía la necesidad y la obligación de facilitar una transición suave y ordenada hacia el nuevo status.

Jeffrey Puryear, en un seminario auspiciado por el Council of the Americas en Nueva York en 1982, señaló la cuestión de Puerto Rico como un "dilema" para los Estados Unidos, que requiere un nuevo enfoque: un proceso previo a cualquier consulta plebiscitaria que defina los términos precisos, aceptables a Washington, de cualquier cambio en el status de la Isla. En 1983, Robert Pastor, encargado del caso de Puerto Rico en el Consejo Nacional de Seguridad bajo la administración del Presidente Carter, planteó la necesidad de "mover" la cuestión del status como un imperativo internacional de la metrópoli. Por su parte, el General Accounting Office (GAO) del Congreso de los Estados Unidos emitió, entre 1978 y 1987, una serie de informes sobre la relación entre Puerto Rico y Estados Unidos, analizando a fondo sus múltiples dimensiones y diversas implicaciones para la política oficial hacia la Isla dentro del proceso de reformulación de la política territorial norteamericana que se emprendió durante esos años.

Este proceso de reevaluación de su relación con Puerto Rico contribuyó a modificar el paradigma tradicional norteamericano sobre el asunto. Un **paradigma** es la totalidad de ideas, percepciones, valores y prácticas que conforman una visión particular de la realidad. Esta visión sirve de base para la forma en que una sociedad organiza su vida colectiva. Y cuando esa visión particular de la realidad resulta insuficiente para entender y encarar efectivamente los problemas de la sociedad, tal y como pasó con el caso de Puerto Rico, se produce una crisis que requiere, para su superación, un cambio paradigmático con el consiguiente cambio en las percepciones, teorías y prácticas que caracterizaban la anterior visión.

La reevaluación norteamericana de la década de los setenta cambió la vieja posición de que la solución del problema del status dependía exclusivamente de "la voluntad del pueblo puertorriqueño", por la que sostiene que depende fundamentalmente del "timoneo norteamericano". También cambió la vieja idea de que la dilucidación de la cuestión gira en torno al ejercicio, por parte del pueblo puertorriqueño, de su derecho a la "libre determinación", por la nueva idea y práctica de la "mutua determinación", es decir, que cualquier decisión debe tomarse conjuntamente, dándole a los Estados Unidos un papel mucho más activo en el proceso. La idea de que la Isla constituía "una vitrina del desarrollo" pasó a ser reemplazada por la percepción de que "Puerto Rico le cuesta a Estados Unidos". A estos tres cambios dramáticos en la percepción norteamericana de Puerto Rico, se une la declaración del Departamento de Defensa, durante las vistas senatoriales de junio pasado, de que "apoya plenamente el derecho del pueblo de Puerto Rico a seleccionar la independencia", si se le garantizan sus bases e instalaciones en la Isla. Con dicha declaración parece haber modificado su tradicional política a favor del *statu quo*.

La proclama del Presidente Carter del 25 de julio de 1978 parece haber cerrado la era del apoyo oficial norteamericano al *statu quo* y abierto la nueva etapa de "futuros alternos" para Puerto Rico. Asimismo, la conclusión del estudio realizado en 1979 por el Departamento de Comercio de los Estados Unidos, en el sentido de que Puerto Rico padece una grave dependencia de los fondos federales, fue un factor importante en la configuración de la nueva política. Prominentes economistas puertorriqueños, tales como Elías Gutiérrez y Joaquín Villamil, advirtieron sobre los límites del modelo de crecimiento económico dependiente imperante en Puerto Rico y el peligro de que la Isla se convirtiese en un gran "ghetto" urbano, sobreviviendo a base de las transferencias económicas federales. Para la comprensión de las implicaciones de este cuadro para la política de Estados Unidos sobre Puerto Rico, el distinguido sociólogo puertorriqueño Luis Nieves Falcón añadió que, como producto de dicha dependencia económica, el pueblo puertorriqueño ha desarrollado una patología social caracterizada por un miedo a cualquier cambio en la situación presente por creer que éste inevitablemente lo sumirá en el caos económico. El imperativo de la subsistencia, según lo entiende una parte significativa del pueblo puertorriqueño, choca así con el imperativo de la descolonización.

Es imprescindible, para entender el proceso de negociación y consulta de 1989-1990, conocer los documentos en que se plasman estas expresiones del cambio paradigmático acaecido. En esta breve introducción tan sólo hemos querido y podido ofrecer una visión somera de dicha transformación. Por lo tanto, recomendamos encarecidamente la lectura de dichos documentos. Hemos incluido una bibliografía mínima como apéndice de este libro. La misma se basa en el bosquejo y lecturas utilizados durante dos cursos que ofrecimos en la Escuela de Derecho de la Universidad Católica de Puerto Rico, uno en Ponce, en su Programa de Juris Doctor, y otro en San Juan, en su Programa de Maestría, durante el primer semestre del presente año académico 1989-1990.

Resumamos ahora lo que encontrará el lector en el contenido de este libro. Iniciaremos con una cronología resumida del tratamiento, en las primeras planas de los periódicos del país, de los principales eventos ocurridos durante 1989.

En la parte sustantiva, vamos a ofrecerles los textos importantes y una interpretación de los hechos ocurridos durante este año, en dos etapas. Carlos Rivera Lugo trabajará la etapa desde el acuerdo tripartito hasta la radicación en el Senado de los Estados Unidos del proyecto de Ley S.712 en julio de 1989. Juan Manuel García Passalacqua trabajará desde la radicación del proyecto de ley hasta su aprobación y la emisión del Informe correspondiente por el Comité de Energía y Recursos Naturales del Senado de los Estados Unidos. Los ensayos introductorios de cada etapa serán seguidos por el texto oficial del proyecto y del informe.

El segundo tomo les ofrecerá los textos principales del proceso en 1990. Incluirá los textos de los comités de Energía, de Finanzas y de Agricultura del Senado al igual que el proyecto e informe del Comité de lo Interior de la Cámara de Representantes de los Estados Unidos, que se consideraron. Haremos un análisis comparativo con los documentos contenidos en este tomo y una interpretación de los hechos ocurridos durante ese.año.

Agradecemos al periódico *El Mundo* y a su Director Antonio Quiñones Calderón, la autorización para utilizar la excelente traducción de ambos documentos que fueron publicados en sendas ediciones de ese rotativo en las semanas de su adopción.

Esperamos que este libro sirva como introducción para sus lectores al tema de las opciones de status, basada por vez primera en nuestra historia en textos oficiales y fehacientes del Congreso de los Estados Unidos. Esperamos que sea una contribución al entendimiento del pueblo de tan importante asunto al entrar nuestro país en la década de los noventa, en que con toda probabilidad nos enfrentaremos a una decisión final sobre la relación entre Puerto Rico y los Estados Unidos.

Los Editores

San Juan, Puerto Rico.
11 de enero de 1990.

Cronología periodística
del status en 1989

El año de 1989 fue decisivo en la historia política de Puerto Rico. El viejo paradigma, las viejas ideologías, sucumbieron. Un cuadro totalmente nuevo se presenta de camino al siglo XXI. Para reseñar los eventos históricos, basta resumir las primeras planas de los periódicos del país durante el año, veamos:

3 de enero, *El Mundo* – RHC: A resolver el status.

4 de enero, *El Nuevo Día* – Cumbre sobre el status. Corrada acepta el plebiscito bajo la supervisión del Congreso. Berríos reclama que la consulta sea distinta a la realizada en 1967.

6 de enero, *El Mundo* – El PNP exige definir el ELA.

6 de enero, *Claridad* – Plebiscito por orden de Washington.

7 de enero, *San Juan Star* – RHC dice plebiscito no es un plan de los Estados Unidos.

11 de enero, *San Juan Star* – Corrada dice que Bush favorece el plebiscito. Ferré ve el principio del fin del tema del status.

12 de enero, *San Juan Star* – El status es una prioridad de George Bush. Sus ayudantes señalan plataforma del GOP sobre Isla.

12 de enero, *Claridad* – División en las filas anexionistas por el plebiscito.

17 de enero, *El Mundo* – PPD propondrá se acelere plebiscito.

18 de enero, *El Mundo* – Líderes llevan petición de status al Congreso.

17 de enero, *El Nuevo Día* – Apunta hacia 1990 la consulta del status.

18 de enero, *San Juan Star* – Los partidos se unen para exigir compromiso de EE UU. RHC, Corrada y Berríos piden que el Congreso honre la votación de status.

19 de enero, *Claridad* – ¡Que se comprometa EE UU a respetar a Puerto Rico!

19 de enero, *San Juan Star* – PNP planifica estrategia de status. Noriega dice el PIP está en la mejor posición.

25 de enero, *San Juan Star* – Cabildeo del status a toda máquina. RHC lleva mensaje del plebiscito a más congresistas.

26 de enero, *El Mundo* – Congreso EEUU iniciará vistas sobre el status.

27 de enero, *El Mundo* – PNP censura documento sobre status.

31 de enero, *El Nuevo Día* – Corrada abandona la presidencia del PNP. Ramón Luis toma el mando por 30 días.

2 de febrero, *El Nuevo Día* – Romero asume el liderato del PNP sobre el plebiscito. "Hay que empezar de nuevo".

7 de febrero, *El Nuevo Día* – A Washington la comisión del PNP. Cobra fuerza candidatura de Romero para presidir la palma.

10 de febrero, *El Nuevo Día* – Endoso de Bush a la Estadidad. Pide que se instrumente un plebiscito.

11 de febrero, *San Juan Star* – RHC dice que la movida le

toca al Congreso. Dice que habrá legislación pronto.

15 de febrero, *San Juan Star* – Hay borrador de proyecto de plebiscito. Legisladores de EE UU vendrán a reunirse con líderes.

18 de febrero, *San Juan Star* – RHC dice se requerirán dos plebiscitos. Propuestas del PPD se definirán antes de votar.

18 de febrero, *El Mundo* – Viuda de Muñoz dice: "Si el ELA no crece, se muere".

21 de febrero, *El Nuevo Día* – Encuesta dice: el 89% reclama que se defina el ELA.

27 de febrero, *El Mundo* — Exige Romero Barceló: "Al plebiscito sin el ELA actual".

27 de febrero, *El Nuevo Día* – Sorpresivo compromiso de Romero: inaceptable eliminar la independencia.

28 de febrero, *El Nuevo Día* – El Congreso votará el plebiscito este año. Johnston se compromete a radicar tres proyectos.

1 de marzo, *El Mundo* – RHC pide ELA estilo Nuevo Pacto.

17 de marzo, *El Nuevo Día* – En junio las vistas en torno al status. "Hay la obligación de ser justo e imparcial." "El asunto se debe manejar sin banderías."

6 de abril, *El Nuevo Día* – Critica severamente el Tesoro a las 936. Johnston presenta sus proyectos.

13 de abril, *Claridad* – Jimmy Carter niega endoso a la estadidad.

30 de abril, *San Juan Star* – El PPD busca más autonomía.

1 de mayo, *San Juan Star* – PPD le dice no a la República Asociada. Su junta autoriza definición de status "mejorado".

2 de mayo, *El Mundo* – PPD prohibe a Rigau ir al Congreso.

2 de mayo, *El Nuevo Día* – PPD busca más poder económico. Hernández Agosto dice que su partido no está procurando mayor desarrollo ideológico para el ELA.

3 de mayo, *El Nuevo Día* – Sin ELA con unión permanente, el PPD no va al plebiscito.

4 de mayo, *San Juan Star* – PIP somete plan de status. Propone período largo de transición y ciudadanía dual.

10 de mayo, *San Juan Star* – PNP devela plan de status. Propone dos idiomas oficiales y eliminación de impuestos aquí.

22 de mayo, *El Mundo* – RHC dice el pueblo indiferente.

1 de junio, *San Juan Star* – Comienzan hoy las vistas sobre el plebiscito en el Distrito de Columbia.

2 de junio, *El Mundo* – Plebiscito ante el Congreso. Johnston y McClure: "No más carga económica para EE UU."

2 de junio, *San Juan Star* – Propuesta de status de RHC destruida. Johnston desbarata el plan durante las vistas en D.C.

2 de junio, *El Nuevo Día* – Trabas a granel al "ELA mejorado". Los senadores Johnston y McClure muestran escepticismo ante el programa plebiscitario del PPD y ponen en jaque a Hernández Colón en la primera ronda de las audiencias del Congreso.

3 de junio, *El Mundo* – Sale airosa la propuesta del PIP. El Senador J. Bennett Johnston expresó que "no habría problemas" con que bajo la república se mantengan en la Isla los programas del Seguro Social, de beneficios a los veteranos y las pensiones federales.

3 de junio, *El Nuevo Día* – Las audiencias del plebiscito: No ceden el idioma ni las bases. EE UU descarta además cualquier pedido de "fondos adicionales" y la doble ciudadanía de 25 años que promulga el PIP.

3 de junio, *San Juan Star* – Le dicen a CRB que no haga énfasis en el español. Su plan de idioma dual es calificado como "arriesgado" para 1991. Condiciones de Johnston aceptadas por Berríos.

7 de junio, *El Mundo* – RHC dice: "Salió incólume el ELA" de las vistas en el Congreso.

7 de junio, *San Juan Star* – Rigau pide a RHC que consi-

dere la "libre asociación".

8 de junio, *San Juan Star* – El PPD derrota propuesta autonomista.

8 de junio, *El Mundo* – Informe de la Biblioteca del Congreso sobre la ciudadanía.

8 de junio, *El Nuevo Día* – Bajo estudio la ciudadanía. Berríos dice que puede revocarse la ciudadanía.

11 de junio, *El Mundo* – En debate la ciudadanía.

15 de junio, *El Nuevo Día* – El debate del status. Hernández Colón no va sin unión permanente. Romero critica fuertemente la conducta de Johnston. Berríos opuesto a que se acepte un ELA sin soberanía.

16 de junio, *El Nuevo Día* – El debate del status. 28 deponentes al reanudarse hoy las vistas. Expectación pública con la segunda ronda de sesiones.

17 de junio, *San Juan Star* – Johnston: a salvo la ciudadanía. El Senador calma los miedos levantados por el memorándum. Los senadores fríos con el plan de "tratamiento especial" del PPD.

17 de junio, *El Nuevo Día* – Garantizada la ciudadanía. Johnston no considera al ELA como colonia.

17 de junio, *El Mundo* – "Irrevocable la ciudadanía": Johnston. "Bajo el ELA Puerto Rico ha alcanzado el desarrollo más elevado de toda hispanoamérica"—Jaime Benítez. "Puerto Rico no puede seguir dependiendo de las 936"—Baltasar Corrada. "La Estadidad multiplicaría el total de los independentistas" —Carlos Gallisá.

18 de junio, *San Juan Star* – El panel del status amplía el debate. Los senadores cubren el Seguro Social, la transferencia de poderes.

18 de junio, *El Mundo* – Acuerdo de prioridad para el plebiscito. La multitudinaria marcha de los grupos independentistas recorrió ayer la Avenida Ponce de León en ruta hacia el Viejo San Juan, reclamando la descolonización de la Isla, en momentos en que el Comité de

Energía y Recursos Naturales del Senado Federal celebraba vistas públicas sobre la posible celebración de un plebiscito sobre el status del país.

18 de junio, *El Nuevo Día* – Aprueban un Comité de Diálogo. Consenso entre Johnston, McClure y los tres partidos para encontrar prontas soluciones a los problemas que rodean la propuesta consulta plebiscitaria.

20 de junio, *San Juan Star* – Ven progreso sobre el status. Las vistas terminan con una nota optimista.

20 de junio, *El Mundo* – Golpetazo a la "libre asociación". Los autonomistas Jorge Colberg Toro y Carlos Vizcarrondo trataron ayer de convencer infructuosamente a los integrantes del Comité de Energía y Recursos Naturales sobre la inclusión del concepto de libre asociación como una cuarta alternativa de status.

20 de junio, *El Nuevo Día* – La ONU no influirá en el plebiscito. Johnston y McClure dicen: "El Congreso cumplirá con la autodeterminación." "No hay agenda escondida con la consulta." "Para nosotros la mayoría es 50 más uno."

3 de julio, *San Juan Star* – El plebiscito nació en la era de Carter. El status visto en el campo de la política exterior.

12 de julio, *El Mundo* – Descartadas las propuestas vitales del ELA. El Departamento de Justicia federal prácticamente "condenó" ayer la propuesta del desarrollo del Estado Libre Asociado, cuando las más vitales propuestas de mejoramiento del ELA fueron rechazadas por el subsecretario interino de Justicia federal, Edward S. G. Dennis.

22 de julio, *El Nuevo Día* – Borrador del proyecto de status. Satisface algunas demandas hechas por el PPD y el PNP.

22 de julio, *El Mundo* – "Victoriosas" las tres fórmulas. La frase "una gran victoria" fue, una vez más, el factor común en la opinión de los líderes representativos de las

tres fórmulas de status sobre el primer borrador del proyecto para la celebración de un plebiscito en la Isla radicado en el Senado de Estados Unidos por los senadores Bennett Johnston y James McClure.

24 de julio, *El Mundo* – La seguridad nacional: clave en el plebiscito. Instalaciones militares de Estados Unidos en Puerto Rico.

26 de julio, *San Juan Star* – Comienza aprobación del proyecto del status. Los tres presidentes de los partidos en Washington para monitorear los desarrollos.

27 de julio, *San Juan Star* – Desbaratada la fórmula de la estadidad. Los senadores preocupados por su costo.

27 de julio, *El Mundo* – Debaten la "supermayoría". El senador demócrata Dale Bumpers pidió que el Comité de Energía exija una "supermayoría" de al menos 60% para poner en marcha cualquiera de los tres status que resulte triunfante en la consulta, que se llevaría a cabo el 4 de junio de 1991.

28 de julio, *San Juan Star* – Atacada la cláusula sobre las bases. Bumpers califica la propuesta sobre instalaciones militares como colonialista.

28 de julio, *Claridad* – EEUU quiere bases militares para siempre. Proyecto Johnston-McClure pide "retención permanente" y "acceso irrestricto" a instalaciones militares. Propuesta de independencia del Senado de EEUU.

28 de julio, *El Nuevo Día* – El Congreso cuestiona el costo del status. Lo que valen las tres fórmulas: Estadidad: $6,000 millones anuales; ELA: $6,200 millones anuales; Independencia: $4,000 millones durante 7 años.

2 de agosto, *El Mundo* – Derrotan reclamo del ELA. En una apretada votación de 10 a 9, el Comité de Energía y Recursos Naturales derrotó la disposición del proyecto plebiscitario que permitiría al ELA tener un representante ejecutivo en el Senado federal.

3 de agosto, *San Juan Star* – El proyecto de plebiscito es

aprobado por el Comité del Senado por 11 a 7 votos. A Romero le gusta el proyecto; RHC quiere que lo cambien.

5 de agosto, *El Nuevo Día* – Más gasto federal con la estadidad. El senador Moynihan llama a los votantes a informarse sobre las fórmulas de status.

8 de setiembre, *El Nuevo Día* – $9,000,000,000 el costo de la estadidad. Un informe del GAO revela que el costo de la estadidad duplicaría la cifra original del proyecto en los primeros cuatro años, contrario al ELA o la Independencia.

27 de setiembre, *El Mundo* – RHC: "A congelar el plebiscito"; Romero: "Sólo busca una excusa"; Berríos: "No veo por qué dilatarlo". En medio de la devastación que sufre el país, el liderato político de la Isla se enfrasca en una polémica sobre la celebración del plebiscito, que amenaza con romper el sentimiento de unidad del pueblo.

2 de octubre, *El Nuevo Día* – La encuesta Yankelovich. Ventaja estadista. 41% por la estadidad. 37% por el estadolibrismo. 4% por la independencia. Los estadistas muestran más firmeza que estadolibristas e independentistas.

14 de octubre, *El Mundo* – Aplazadas las vistas sobre el status.

27 de octubre, *El Nuevo Día* – En la Cámara el proyecto del status. El republicano Lagomarsino radica el mismo proyecto aprobado por el Comité de Energía del Senado.

1 de noviembre, *San Juan Star* – Fijan reunión sobre el plebiscito. Los líderes de los partidos discutirán las maneras de empujar el proceso.

3 de noviembre, *San Juan Star* – Sigue progresando el plebiscito. Los líderes de los partidos llegan a acuerdo sobre un proyecto en la Cámara.

8 de noviembre, *San Juan Star* – Udall rechaza el proyecto de plebiscito. El congresista objeta la naturaleza auto-ejecutable.

16 de noviembre, *El Nuevo Día* – Ordenan determinar los costos de la estadidad.

10 de diciembre, *San Juan Star* – Los estadistas se tienen que enfrentar a una transacción.

16 de diciembre, *El Visitante* – Declaración de la Conferencia de los Obispos Católicos de Puerto Rico sobre el Plebiscito.

Es obvio que se hizo historia en "el año tremendo" de 1989. Este resumen de las primeras planas de los periódicos del país le servirá al lector como una introducción para poder seguir el proceso analizado en este libro. Le debemos agradecimiento y felicitación a nuestra prensa, que le sirvió bien al país en este momento histórico.

Las propuestas de los partidos de Puerto Rico y el Proyecto del Senado de Estados Unidos

Carlos Rivera-Lugo

Uno de los grandes errores de los tiempos modernos es aquel que reduce la realidad a la imagen o idea que se tiene de ella. Consecuentemente, lo verdadero es confundido con lo que es verdadero para una particular ideología, teoría o punto de vista. Estos, sin embargo, no son más que unos discursos particulares, es decir, un conjunto complejo de ideas y prácticas que sirven de base diferenciadora de un grupo social o político, y que intentan pasar por universales y absolutos. Y cuando dichos discursos se desgastan o se tornan obsoletos, como en el caso puertorriqueño hoy, el universo político empieza a ser poblado mayormente por mitos y abstracciones sin eficacia práctica alguna, que deben ser sustituidos por un nuevo entendimiento.

Ese es el caso de los tres discursos ideológicos tradicionales en Puerto Rico: el estadolibrismo, el anexionismo y el independentismo se han convertido en tres entidades o entelequias que, independientemente de su valor pasado, se mantienen hoy al precio de ignorar las condiciones necesarias para su viabilidad o implantación en la realidad. Giran, por lo tanto, en torno a ideas que no poseen una relación significativa con la realidad por la sencilla razón de que tienen que ver poco o nada con ella.

Así es que no debe extrañarnos que, en un estudio realizado sobre la cultura política puertorriqueña por los profesores universitarios Ana Irma Seijo, Angel Israel Rivera y el consultor Jaime Webster Colón, apenas la mitad de los encuestados pudieron identificar ni siquiera una característica diferenciadora de las fórmulas tradicionales del status. A tal respecto dijo la profesora Seijo, en una entrevista publicada por el periódico *El Mundo,* que los partidos no hacen nada por definir sus respectivas fórmulas, promoviendo una adhesión no informada y ciega a las mismas. Esto, sin lugar a dudas, tiene un efecto paralizante sobre cualquier proceso dilucidador del futuro político de la Isla.

Sin embargo, la propia realidad se ha estado encargando durante el pasado año de declarar la obsolescencia del viejo paradigma del status basado en esas tres ideologías tradicionales, ese "circo de tres pistas" al decir del compañero Juan Manuel García Passalacqua. No se trata ya de seguir con la vieja y estéril discusión de cuál de las tres es mejor, más bondadosa o patriótica, ni aun cuál de ellas cuenta con una mayoría del electorado boricua. Se definió durante el pasado año un nuevo punto de partida para la dilucidación del status futuro de Puerto Rico: ¿Cuáles son las condiciones que imponen el gobierno de Estados Unidos y las realidades económicas actuales, tanto nacionales como internacionales, a cualquier cambio en el status actual, y, en consecuencia, cuál de las opciones resulta ser la más deseable y viable para la constelación de intereses que ejercen objetivamente el poder soberano en

Puerto Rico? La vieja discusión sólo resultó en "alegrías de caballo capao", como decía un viejo amigo.

Esto se ve claramente al dar lectura al Proyecto del Senado 712 en el cual la Cámara Alta del Congreso norteamericano establece, por vez primera desde su intervención en nuestro país, un proceso de **consulta y negociación,** con las tres corrientes ideológicas tradicionales de Puerto Rico, que culmine en la celebración de un plebiscito.

Este proceso de consulta y negociación ya comenzó y ha tenido resultados concretos, **independientemente** de que se celebre, en una fecha próxima, un plebiscito: el Senado estableció en 1989 las condiciones para cualquier cambio con relación a las tres opciones y aquellas obligan a que los tres movimientos ideológicos históricos modifiquen significativamente sus discursos y proyectos tradicionales. Para entender esto no se requiere una gran imaginación. Sólo hace falta realizar, sin gríngolas, un ejercicio sencillo de hermenéutica o interpretación del Proyecto del Senado 712.

El lenguaje jurídico codifica unas decisiones políticas. Es una construcción social. Quien interpreta un texto jurídico debe, por lo tanto, desconstruirlo y descodificarlo buscando activamente su significado. Por ende, todo proceso de interpretación de un texto jurídico es un proceso de diálogo, de preguntas y respuestas, entre dicho texto, su contexto histórico-social y el lector. Mediante dicho diálogo, el lector aquilata el texto a la luz de su contexto específico y de los diferentes valores, intereses y expectativas en juego.

¿Qué nos dice, en ese sentido, sobre Puerto Rico el Senado norteamericano en su proyecto legislativo y en el proceso de negociación y consulta realizado en torno al mismo? En primer lugar, ha definido el proceso como de "mutua determinación", desechando así la definición tradicional de cualquier proceso de dilucidación del status futuro de Puerto Rico como de "autodeterminación". Con ello ha reconocido que lo que los puertorriqueños decidan depende, en última instancia, de que Estados Unidos esté dispuesto a decidir, a la misma vez, los términos de lo que es aceptable para ellos.

Al dar comienzo el 1 de junio pasado a las vistas congresionales sobre el status de Puerto Rico, el presidente del Comité de Energía y Recursos Naturales del Senado, J. Bennett Johnston, explicó que el proceso al que se le daba inicio estaba diseñado para ofrecerle al pueblo puertorriqueño unas opciones realistas entre las cuales pudiera escoger con la seguridad de que la que saliera triunfante resultaría implantada. Sólo así, entiende el Senador, se superan las deficiencias de los anteriores dos referéndums celebrados en Puerto Rico en 1952 y 1967, que fueron criticados por no garantizar condiciones de trato igual entre las opciones, por no definir claramente lo que representaba cada una y por no incluir un compromiso congresional de acatar los resultados.

Es por ello por lo que el proyecto contiene los siguientes principios rectores: el proceso debe ser justo y equitativo para todas las partes; la determinación que se haga en el plebiscito debe ser autoejecutable; y debe garantizársele a la opción triunfadora una transición económica suave en el proceso de su implantación. Existen, además, otros dos principios rectores. Uno tiene que ver con lo que puntualiza Johnston en el sentido de que antes de que las opciones diferentes le sean presentadas al pueblo puertorriqueño, el Congreso debe decidir qué resulta ser aceptable o viable bajo cada una de ellas. Es decir, las opciones entre las que escogerá el pueblo puertorriqueño deben ser aceptables para el Congreso o, lo que es para todos los fines prácticos lo mismo, el Congreso decidirá cuáles serán las opciones entre las que debemos decidir.

Por otra parte, advirtió que las definiciones del Congreso no coincidirían con las tres propuestas o "wish-lists" de los partidos principales en Puerto Rico. Dichas definiciones están limitadas por las duras realidades fiscales que le impone al Congreso el actual déficit presupuestario de los Estados Unidos. De ahí que cualquier cambio en el status de Puerto Rico debe cumplir con el que, a todas luces, constituye el más importante de los principios rectores de la presente legislación: la neutralidad presupuestaria, es decir, el impacto económico del cambio no debe costarle más al gobierno federal de lo que le cuesta ahora el *statu quo.*

Esto explica los cambios significativos que sufrieron las propuestas de los tres partidos entre el momento del acuerdo tripartito del 17 de enero de 1989, que dio inicio cronológicamente al proceso, conjuntamente con la declaración del Presidente norteamericano George Bush el 9 de febrero del mismo año en su "Mensaje sobre el estado del país", y la radicación del S. 712.

Por eso quedaron eliminados todos los "por cuantos" de dichas propuestas por entender que no reflejan la posición del Comité y que, además, pueden dar lugar a confusión. Dichos "por cuantos" lo que hacían era codificar los viejos discursos ideológicos: la alegación del Partido Popular Democrático sobre la existencia de un convenio bilateral entre Puerto Rico y Estados Unidos; la prédica del Partido Nuevo Progresista en favor de una Estadidad jíbara y para los pobres como un derecho consustancial a la ciudadanía norteamericana; y la teoría del Partido Independentista Puertorriqueño de que la independencia constituye un derecho inalienable e incondicional del pueblo puertorriqueño que incluye el derecho a una eventual desmilitarización de la Isla.

El **Partido Popular Democrático** propuso un Estado Libre Asociado en unión permanente con los Estados Unidos, con mayores poderes autonómicos y con trato igual al de los estados en cuanto a los programas de fondos federales. El Senado comenzó a dar su respuesta a las peticiones del Partido Popular aun antes de haber comenzado las vistas cuando el Senador Johnston dijo que el ELA no puede ser permanente aun cuando gane un plebiscito. Y aunque el gobernador Rafael Hernández Colón trató de despachar el asunto alegando que las manifestaciones del Senador norteamericano sólo reflejan diferencias semánticas y conceptuales, lo cierto es que dicha declaración adversa a la propuesta del ELA constituyó tan solo la punta del témpano.

Durante las vistas, el Comité mostró una resistencia clara a ceder autoridad, en el caso del ELA, sobre asuntos que actualmente están en manos del Congreso. Más aún, luego Hernández Colón le expresó que se proponía dejar la relación entre Puerto Rico y los Estados Unidos tal y como está ahora, es decir, que el gobierno de Estados Unidos continuará ejerciendo la soberanía sobre la Isla y el pueblo de Puerto Rico. El Gobernador aclaró, ante el interrogatorio intenso a que se le sometió, que su propuesta sólo aspiraba a conseguir para el ELA aquellos poderes que el Congreso entendiera no necesitaba ejercer. Entretanto, el Senador Johnston, así como el Senador James McClure, vicepresidente del Comité, criticaron la ambigüedad de la intención del PPD al incluir conceptos tales como "autonomía" y "convenio bilateral" en su propuesta. No legislarían así sin saber claramente las razones e intenciones tras cada uno de los poderes que se solicitan en la propuesta, aseguraron.

Y es que el discurso estadolibrista está lleno de ambigüedades, producto de sus ambivalencias ideológicas. Declara una cosa, pero quiere decir otra. La ambigüedad en el texto de la propuesta del PPD sólo busca encubrir lo que realmente se quiere: en el mejor de los casos, el poder soberano sobre los asuntos internos de la Isla y la eliminación del control federal sobre una serie de áreas de nuestra vida. Sin embargo, no se atreven a decirlo por temor al impacto electoral negativo que puede tener en Puerto Rico. De ahí el papel lastimoso de Hernández Colón al no poder explicarles a los senadores las razones de las peticiones específicas de mayor autoridad para el Estado Libre Asociado. Quedó claro que las ambivalencias ideológicas del PPD ya no son aceptables para el Congreso. "Lo que usted quiere es que los programas federales apliquen plenamente a Puerto Rico, manteniendo la Sección 936 y sin pagar impuestos federales", amonestó Johnston.

Por su parte, el **Partido Nuevo Progresista,** propuso esencialmente una "estadidad hispana", con el español junto al inglés como idiomas oficiales, un comité olímpico propio, jurisdicción marítima sobre la Zona Económica Exclusiva (doscientas millas náuticas) de la Isla; una "estadidad para los pobres" en la cual apliquen inmediatamente todos los programas federales de asistencia económica a individuos en paridad con los demás estados y un periodo largo de transición económica en el cual se paguen impuestos federales aunque seguidamente se nos devuelvan, que el gobierno de Estados Unidos asuma la deuda pública de la Isla y, además, permita que sobrevivan las empresas 936 por un periodo de veinticinco (25) años. En fin, declaró que la Estadidad es un derecho consustancial a la ciudadanía norteamericana de los puertorriqueños y como tal no se les puede negar.

La respuesta del Senado, en este caso, tampoco se dejó esperar. El Senador McClure señaló enfáticamente que ni al PNP ni a los demás partidos se les debe permitir que le ofrezcan al pueblo puertorriqueño promesas vagas e irrealizables para el futuro que no tienen base alguna en la realidad. "Existen límites a lo que estamos dispuestos a conceder", advirtió.

Por otra parte, el Senador Johnston añadió que el asunto del idioma será muy controvertible ya que destaca el carácter hispano de la Isla a diferencia de los demás estados y debe, por lo tanto, ser eliminado del proyecto. En cuanto al periodo largo de transición y los beneficios económicos solicitados, el Senador también manifestó que no hay manera de que el Congreso los apruebe. Concluyó pidiéndole al PNP que redactase una nueva propuesta económica más realista y menos generosa. Quedó claro, también, que la Estadidad hispana y para los pobres no le es aceptable al Congreso.

En los dos casos anteriores era patente, durante las vistas, el juego de pies de los senadores Johnston y Mc-Clure para no ofender a sus interlocutores. Lo cortés, sin embargo, no quita lo valiente. Desmitificaron las dos principales ilusiones del paradigma político e ideológico puertorriqueño sobre el status. Sin embargo, cualquier análisis de dichas vistas tendría que destacar que, mientras se desacreditaba la propuesta del ELA y se desbancaba el proyecto de la Estadidad, se recibió con beneplácito la propuesta de la independencia, por vez primera en la historia de la dominación norteamericana de Puerto Rico. El proceso de negociación, en este caso, se dio en un clima marcado de cordialidad y respeto mutuo. El PIP dio la impresión de haber enamorado al Senado.

No es que el **Partido Independentista Puertorriqueño** saliera ileso de la negociación. El PIP pidió, en una modificación significativa del tradicional discurso independentista, la doble ciudadanía para los puertorriqueños. A esto el Senador Johnston respondió con franqueza; si se es independiente, se es independiente. No puede haber una doble ciudadanía ad perpetuum. El puertorriqueño tendrá que escoger, luego de un periodo de tiempo.

El Senado también se trancó en cuanto a la petición del Partido Independentista en favor de la desmilitarización de Puerto Rico. A esto, Johnston contestó haciéndole una oferta irresistible: si Puerto Rico acepta negarle acceso militar a todo otro país extranjero, y le garantiza a los Estados Unidos los derechos sobre las bases e instalaciones militares que actualmente poseen en la Isla, Washington estará dispuesto a conceder una ayuda económica generosa durante un periodo transitorio para que un Puerto Rico independiente pueda continuar su progreso económico. Y en un buen "meeting of the minds", como lo calificó McClure, el Presidente del PIP, Rubén Berríos Martínez, le aseguró que no tenía duda de que ambas partes podrían llegar a un acuerdo mutuamente satisfactorio. "Por las mismas razones que ustedes quieren las bases en Puerto Rico, nosotros queremos el mercado en los Estados Unidos", puntualizó Berríos en una de sus intervenciones, resumiendo así magistralmente el *quid pro quo* planteado.

Finalmente está la cuestión de la aplicación al proceso del Derecho Internacional de Descolonización, temor sobre el cual el PIP depuso ampliamente solicitando una transferencia de poderes y la aplicación estricta de dicha normativa transnacional al proceso. El inciso 1 de la Sección 1 del S.712 declara que los Estados Unidos "reconocen el principio de autodeterminación y otros principios aplicables de Derecho Internacional en lo que respecta a Puerto Rico". Sin embargo, ¿qué concretamente significa esto? ¿Qué entiende el gobierno de Estados Unidos por Derecho Internacional aplicable a Puerto Rico? ¿Cuál es el contenido específico, si alguno, del derecho a la libre determinación?

Siempre ha sido criticable la noción hasta hoy prevaleciente, en el análisis jurídico y político del caso de Puerto Rico, de la existencia de una dicotomía casi absoluta entre el Derecho Nacional estadounidense y el Derecho Internacional, como si éstos fuesen dos sistemas totalmente distintos y separados sin conexión ni interacción alguna entre ellos. Este enfoque dualista postula la preeminencia del Derecho Nacional de Estados Unidos sobre el Derecho Internacional, a menos que haya mediado el consentimiento expreso del gobierno de Estados Unidos a ser obligado. Sin embargo, de nuevo la realidad ha terminado imponiéndose, y a Estados Unidos no le ha quedado otra opción más que aceptar la creciente e innegable **interde-**

pendencia que necesariamente se da entre su Derecho Nacional y el Derecho Internacional en el proceso de descolonización de Puerto Rico.

Hasta el momento, el gobierno de Estados Unidos se había negado a aceptar oficialmente la dimensión internacional del caso de Puerto Rico, basándose en una interpretación parcial de la Resolución 748 (VIII) de la Asamblea General de la ONU. Sin embargo, dicha Resolución de 1953, al contrario de lo que se ha querido alegar, hizo mucho más que legitimar el Estado Libre Asociado.

Dos de los resultados más importantes de la Resolución 748 (VIII) sobre Puerto Rico fue que estableció expresamente la competencia de dicho cuerpo para decidir si un territorio no-autónomo ha alcanzado la plenitud de gobierno propio a que se refiere el Capítulo XI de la Carta. Por otro lado, en su inciso noveno, la Asamblea General afirmó una reserva de jurisdicción ante la conciencia del grado incompleto de gobierno propio alcanzado bajo el nuevo arreglo, además de consignar el compromiso de Estados Unidos, hecho por el embajador norteamericano Henry Cabot Lodge a nombre del presidente Dwight D. Eisenhower, de respetar la voluntad del pueblo puertorriqueño de manifestarse éste en favor de una modificación en el arreglo establecido. La Resolución 748 (VIII) se constituyó así en un acuerdo o pacto internacional con sus obligaciones correlativas.

Sin embargo, Washington se hizo de la vista larga. Su negativa a aprobar o tan siquiera a considerar seriamente las modificaciones solicitadas en varias ocasiones por la Asamblea Legislativa de Puerto Rico, claramente constituyó una violación de lo acordado. Por eso, cuando el Comité Especial de Descolonización empezó a examinar el caso de Puerto Rico durante la década de los setenta, lo hizo a instancias de un sector importante de la comunidad internacional y del pueblo puertorriqueño que entendieron que la conducta del gobierno norteamericano había invalidado, para todos los fines prácticos, la Resolución 748 (VIII).

Con la aprobación, a partir de 1972, de una serie de resoluciones sobre Puerto Rico, ratificadas por una abrumadora mayoría de la Asamblea General, el Comité Especial de Descolonización hizo extensiva al caso de la Isla la Resolución 1514 (XV), aunque obviando una revocación expresa de la Resolución 748 (VIII) para minimizar así las enormes tensiones políticas y diplomáticas que provoca el debate puertorriqueño. Sin embargo, hay que reconocer que con ello declaró que el caso de Puerto Rico constituye una cuestión internacional bajo la jurisdicción y competencia de la comunidad internacional y no exclusivamente bajo la jurisdicción doméstica de Estados Unidos, como ha alegado el gobierno norteamericano.

Si había alguna duda en cuanto a esto, ésta se disipó en 1978 cuando dirigentes de todas las corrientes políticas en Puerto Rico testificaron ante el Comité Especial de Descolonización de la ONU expresando su insatisfacción, en grados diversos, con el *statu quo*. La resolución que se aprobó ese año, admitió más de un funcionario norteamericano relacionado con la formulación de política sobre Puerto Rico, acabó con otra gran ilusión; en este caso, la posición norteamericana de que el asunto del futuro político de Puerto Rico constituye una cuestión exclusivamente doméstica de Estados Unidos.

Sin embargo, de igual manera hay que reconocer, por un lado, que no existe un consenso claro en la comunidad internacional en cuanto al contenido específico del derecho a la autodeterminación o de garantías, tales como el de la transferencia de poderes soberanos; y, por otro lado, que las resoluciones sobre Puerto Rico no han sido adoptadas por consenso, sino por una mayoría, mayoría ésta cada vez más inestable. Y es que la experiencia internacional nos demuestra que el contenido específico de los derechos y garantías en un proceso de descolonización depende siempre de las circunstancias particulares del caso; en especial, de la situación o correlación de fuerzas existentes entre las partes. Es así como, en el ejercicio de su discreción, con respecto a aspectos tanto sustantivos como procesales, la ONU ha insistido generalmente en que su papel es auxiliar y secundario con relación a las partes envueltas: la potencia administradora y el pueblo del territorio colonial. Su función, en ese sentido, es garantizar, mediante su supervisión del proceso, la creación de unos mecanismos que permitan en cada caso el desarrollo efectivo de un proceso de descolonización.

¿Ofrece el Proyecto del Senado 712 los mecanismos suficientes para garantizar el desarrollo efectivo de un proceso de descolonización en el caso de Puerto Rico? Se ha citado al Senador Johnston contestándole a un colega suyo, quien lo interrogó sobre el contenido específico del Inciso I de la Sección 1 del Proyecto, que ello será definido en su momento por los abogados del Departamento de Estado norteamericano. Entretanto, tanto McClure como él aseguran que quieren un proceso legítimo, justo y equitativo para todas las partes.

El S.712 propone que el plebiscito sea administrado, supervisado y financiado por las autoridades federales. Las controversias jurídicas que surjan sobre el plebiscito y sus resultados, serían dilucidadas por un tribunal federal especial de tres jueces nombrados por el Presidente de los Estados Unidos. Los electores que voten serían todos los ciudadanos norteamericanos debidamente cualificados bajo las leyes electorales de Puerto Rico. El Presidente de los Estados Unidos designaría asimismo un Oficial de Información sobre el Referéndum que será responsable de "la traducción y la distribución de información y los materiales educativos" sobre el referéndum. Nada dice el S.712 sobre limitaciones a las contribuciones privadas para la campaña plebiscitaria.

¿Cumplen las anteriores garantías con los requerimientos procesales mínimos del Derecho Internacional de Descolonización? Da la impresión de que, en lo procesal, el Senado se ha regido casi exclusivamente por los requerimientos del Derecho Constitucional norteamericano y aún no le da efectividad concreta a su declaración en favor de la vigencia del Derecho Internacional aplicable a Puerto Rico. Para muestra, con un botón basta: la determinación de los electores cualificados para votar en el plebiscito. Definiendo el plebiscito como una elección doméstica bajo la Constitución Federal, la cláusula de la igual protección de las leyes impide discriminar entre los ciudadanos norteamericanos en la Isla. Ello impide, por lo tanto, limitar el electorado cualificado a los puertorriqueños por nacimiento, parentesco o como resultado de haber rendido por un periodo de tiempo que refleje un *animus manendi,* es decir, el propósito de permanecer en Puerto Rico.

Particularmente atinadas me parecen las tres preguntas que el dirigente independentista Carlos Gallisá le hizo al Comité durante su comparecencia en las vistas del 16 al 19 de julio de 1989, celebradas en San Juan: 1) ¿Reconoce el Congreso que se enfrenta a un problema colonial?; 2) ¿Está el gobierno de Estados Unidos dispuesto a renunciar a su soberanía sobre Puerto Rico?; 3) ¿Va a cumplir los Estados Unidos con las normas del Derecho Internacional aplicables a la descolonización de los pueblos? Si la respuesta es afirmativa, el proceso culminará en la descolonización de Puerto Rico. Si el Congreso se niega a responder, el proceso estará abocado al fracaso más rotundo (igual que ocurrió en 1950 y 1967).

No obstante, lo ya dicho ha evidenciado, sin lugar a dudas, el desgaste del paradigma tradicional del status y de los respectivos discursos ideológicos sostenedores del mismo. Y quien no lo comprenda, corre el riesgo de verse crecientemente superado por el nuevo contexto. Puerto Rico –me atrevo a afirmar– se encuentra hoy en una coyuntura nueva llena de retos y posibilidades, haya o no plebiscito. Se acabaron los mitos y se impone la realidad. Descúbranlo por ustedes mismos. Lean y analicen críticamente el texto del S.712 que sigue a continuación.

Proyecto 712 del Senado de Estados Unidos

(La Enmienda Johnston/McClure por su naturaleza sustituye el S.712.)

Para proveer para un referéndum sobre el status político de Puerto Rico.

Sec. 1. Quede aprobado por el Senado y la Cámara de Representantes de los Estados Unidos de América, reunidos en Congreso, Que –

(1) los Estados Unidos de América reconocen el principio de autodeterminación y otros principios aplicables de derecho internacional en lo que respecta a Puerto Rico; y que

(2) los Estados Unidos tienen el compromiso con el pueblo de Puerto Rico de establecer un proceso de consulta y negociación que logre como resultado un referéndum sobre el issue del status político que se lleve a cabo de forma justa y equitativa.

Sec. 2. Se podrá hacer referencia a esta ley como "La Ley del Referéndum Sobre el Status de Puerto Rico".

TITULO I

SEC. 101. REFERENDUM

(a) EN GENERAL – A través de toda la Isla de Puerto Rico se llevará a cabo un referéndum en el cual a los votantes debidamente calificados del Estado Libre Asociado de Puerto Rico se les dará a escoger entre tres opciones de status para Puerto Rico. Las opciones aparecerán en la papeleta de la siguiente forma:

(1) Estadidad, como aparece descrita en el Título II de la Ley del Referéndum Sobre el Status de Puerto Rico;

(2) Independencia, como aparece descrita en el Título III de la Ley del Referéndum Sobre el Status de Puerto Rico; y

(3) Estado Libre Asociado (commonwealth), como aparece descrito en el Título IV de la Ley del Referéndum Sobre el Status de Puerto Rico.

(b) FECHA DEL REFERENDUM – El primer referéndum se llevará a cabo el 4 de junio de 1991, o en una fecha sobre la que hayan acordado mutuamente los tres principales partidos políticos de Puerto Rico, y durante el verano del año calendario 1991.

(c) RESULTADOS DEL REFERENDUM – Los resultados del referéndum que se lleve a cabo bajo esta Ley se entregarán al Gobernador de Puerto Rico, quien hará que se efectúe un escrutinio de la forma que provee la ley para el escrutinio de los votos emitidos en las elecciones generales para los puestos federales en el Estado Libre Asociado de Puerto Rico. De no haber una mayoría a favor de una de las tres opciones, entonces se efectuará, el 6 de agosto de 1991, o en una fecha en la que acuerden mutuamente los tres principales partidos políticos, y durante el verano del año calendario 1991, un referéndum de desempate entre las dos opciones del status que hayan recibido el mayor número de votos. Este referéndum también incluirá una opción de "Ninguno de los antes mencionados" (None of the above). El Gobernador certificará para el Presidente y para el Congreso de los Estados Unidos aquella decisión del pueblo de Puerto Rico que recibió la mayoría de los votos emitidos, de obtenerse una mayoría.

(d) LEYES ELECTORALES APLICABLES – Las leyes electorales del Estado Libre Asociado de Puerto Rico para unas elecciones generales para la elección de funcionarios federales, y como estaban en efecto el 15 de julio de 1989, se aplicarán al referéndum que se efectúe bajo esta ley, excepto como expresamente esté provisto en esta Ley, y como sea necesario modificarlas para ajustarlas al hecho de que se trata de un referéndum sobre las opciones del status. El Procurador General asignará alguaciles de los Estados Unidos para proveer la supervisión adecuada para el referéndum.

(e) CUALQUIER DISPUTA O CONTROVERSIA LEGAL que surja a raíz de este referéndum será adjudicada de acuerdo a las leyes y los procedimientos locales excepto que:

(1) (A) Cualquier persona perjudicada (incluyendo, sin limitaciones, cualquier partido político), dentro de un período de 60 días luego que el Gobernador haya certificado los resultados del referéndum conforme al Título I, Sección 101 (c), puede instruir una acción para impugnar la selección certificada por el Gobernador a base de que (1) ocurrieron irregularidad o irregularidades, y (2) que la irregularidad o las irregularidades eran tan significativas como para afectar el resultado del referéndum y poner en tela de juicio la selección certificada por el Gobernador.

(B) El tribunal de tres jueces para el cual provee el párrafo 2, tendrá jurisdicción exclusiva sobre los procedimientos instituidos conforme a esta sección y los pondrá en vigor sin tomar en consideración que la parte perjudicada haya o no haya utilizado al límite cualquier remedio administrativo o de otra índole que ofrezcan las leyes federales o las leyes de Puerto Rico.

(C) En cualquier procedimiento que se entable conforme a este párrafo de esta subsección, si la Corte encuentra que ha habido irregularidad o irregularidades electorales tan significativas como para afectar los resultados del referéndum y poner en tela de juicio la selección certificada por el Gobernador, el Tribunal tiene el poder de conceder la compensación adecuada, incluyendo la anulación del referéndum en su totalidad, ordenando un recuento o recuentos, o cualquier otra compensación que considere adecuada para conservar la integridad del proceso electoral.

(D) El Procurador General de los Estados Unidos tiene el poder para intervenir a petición del Tribunal en cualquier procedimiento instituido conforme a esta sección para ayudar en el proceso de recopilación y presentación de la evidencia. Cualquier persona perjudicada que tenga una reclamación constitucional o estatutaria federal que surja como resultado de los mismos hechos que una acción entablada conforme a esta sección, puede intervenir en esa acción de una forma que a su discreción el Tribunal considere oportuna. Si esa persona perjudicada no lograse intervenir oportunamente se le privará de su derecho a instituir una reclamación federal constitucional o estatutaria.

(E) El Tribunal dará el peso que considere adecuado a la determinación de la Comisión Estatal de Elecciones del Estado Libre Asociado, los tribunales del Estado Libre Asociado y cualquier otra autoridad o tribunal local. No se requiere que el Tribunal provea una revisión de cualesquiera y todas las reclamaciones sobre irregularidades que ya hayan sido determinadas por una autoridad o tribunal local, excepto cuando lo considere necesario.

(2) (A) Cualquier reclamación que se entable bajo la Constitución de los Estados Unidos o bajo un estatuto federal, o cualquier reclamación que se entable para retar los resultados certificados por el Gobernador, que se haya tomado bajo esta Ley o bajo las leyes del Estado Libre Asociado de Puerto Rico, será vista por un tribunal de tres jueces que tendrá jurisdicción exclusiva sobre todas las reclamaciones de esta índole.

(B) El Tribunal recibirá evidencia y escuchará argumentos, según lo considere necesario. Las provisiones de 28 U.S.C. 2284 (b) (3) se aplicarán a los procedimientos de este tribunal de tres jueces. El Juez Presidente del Tribunal Federal de Apelaciones, con la debida autorización del Juez Presidente del Tribunal Supremo de los Estados Unidos bajo 28 U.S.C. 291 (a), tendrá el deber, cuando fuere necesario, de designar tres jueces, de los cuales por lo menos uno será un juez de circuito y el juez o los jueces restantes serán jueces de distrito, para que vean y determinen sobre estas reclamaciones. No se designará ningún juez que sea residente de Puerto Rico. Las vistas ante el tribunal de estos tres jueces se efectuará en Puerto Rico. Una apelación sobre la determinación final del tribunal de tres jueces estará sujeta al Tribunal Supremo de los Estados Unidos por medio de un auto de certiorari.

(f) LOS PROCEDIMIENTOS – para la implantación de la opción del status que ha sido certificada por el Gobernador conforme a la subsección (c), entrarán en efecto el 1ro. de octubre de 1991 de acuerdo con el título apropiado de esta ley.

(g) OFICIAL DE INFORMACION SOBRE EL REFERENDUM – El Presidente nombrará, de una lista que le proveerán los tres principales partidos políticos de Puerto Rico, un Oficial de Información sobre el Referéndum para que se haga responsable de la traducción y la distribución de información y los materiales educativos sobre el referéndum. Si el Presidente no está satisfecho con las calificaciones de las personas en la lista original, los partidos políticos someterán cuantas listas adicionales fueren necesarias hasta que se efectúe el nombramiento. Se ha autorizado la asignación de las cantidades que se consideren necesarias para lograr los objetivos de esta subsección.

TITULO II – ESTADIDAD

SEC. 201. PROCLAMA

De ser certificada la estadidad, bajo la sección 101 de esta ley, por haber obtenido una mayoría de los votos emitidos en el referéndum, y luego de la certificación de la elección de los funcionarios que se requería fueran elegidos conforme a la sección 206 de esta Ley, el Presidente emitirá su proclama anunciando los resultados de dichas elecciones tal como han sido verificados. Luego que la proclama haya sido emitida y a partir del 19 de noviembre de 1993, el Estado Libre Asociado de Puerto Rico (de aquí en adelante también llamado "el Estado") será declarado como un Estado de los Estados Unidos de Norteamérica, y se declarará que ha sido admitido a la Unión bajo igualdad de condiciones con los demás Estados.

SEC. 202 CONSTITUCION

La Constitución del Estado Libre Asociado de Puerto Rico siempre se mantendrá de forma republicana y no será incompatible con la Constitución de los Estados Unidos y con los principios de la Declaración de Independencia. El Congreso ha encontrado que la Constitución adoptada por el voto del pueblo de Puerto Rico en los comicios del 4 de junio de 1951, es republicana en su forma y en conformidad con la Constitución de los Estados Unidos y los principios de la Declaración de Independencia, y fue aceptada, ratificada y confirmada por medio de la Ley Pública 447 del 82do Congreso, del 3 de marzo de 1952. La actual Constitución del Estado Libre Asociado de Puerto Rico, tal como fue ratificada por el pueblo en el referéndum que se efectuó el 4 de junio de 1951 por la presente queda aceptada como la Constitución del Estado.

SEC. 203. TERRITORIO Y FRONTERAS

El Estado estará compuesto por todo el territorio, conjuntamente con las aguas territoriales, del Estado Libre Asociado de Puerto Rico.

SEC. 204. TITULO DEL ESTADO A LOS TERRENOS Y LA PROPIEDAD

(a) El Estado y sus subdivisiones políticas tendrán y mantendrán el título a toda la propiedad, real y personal, que actualmente posee, incluyendo, aunque no limitado a, el título a terrenos sumergidos que hasta ahora se le han otorgado a Puerto Rico.

(b) Todos los terrenos y otras propiedades que, desde la fecha en que Puerto Rico sea admitido a la Unión, se reservan conforme a la ley para ser utilizadas por los Estados Unidos bajo cualquier (A) Decisión del Congreso. (B) Orden Ejecutiva, (C) Proclama Presidencial, o (D) Proclama del Gobernador del Estado Libre Asociado de Puerto Rico, seguirán siendo propiedad de los Estados Unidos.

(c) No más de cinco años después de la fecha en que el Estado Libre Asociado de Puerto Rico sea admitido a la Unión como un Estado, toda agencia federal que tenga control sobre cualquier terreno o propiedad que haya sido retenido por los Estados Unidos conforme a esta sección someterá un informe al Presidente y al Congreso explicando por qué necesita ese terreno o propiedad. Si el

Presidente determina que el Gobierno Federal no necesita ya tal terreno o propiedad, o una porción de la misma, o cualquier interés sobre la misma, este terreno o propiedad se traspasará inmediatamente al Estado Libre Asociado de Puerto Rico sin costo alguno.

(d) Todas las leyes de los Estados Unidos que le reservan a los Estados Unidos el derecho al uso o disfrute gratis de la propiedad que se ha traspasado al Estado Libre Asociado de Puerto Rico o a sus subdivisiones políticas conforme a esta sección o que le reservan el derecho a alterar, enmendar o rescindir las leyes pertinentes a la posesión de tales terrenos, dejarán de ser efectivas al momento del traspaso del terreno.

SEC. 205. RECLAMACIONES SOBRE LOS TERRENOS Y LAS PROPIEDADES FEDERALES

(a) En acuerdo con los Estados Unidos, el Estado Libre Asociado y sus habitantes reconocen todos los derechos y los títulos sobre cualquier terreno u otra propiedad que no se le haya otorgado o conferido al Estado Libre Asociado o sus subdivisiones políticas por o bajo la autoridad de esta ley, cuyo derecho o título posee ahora Estados Unidos o está a la disposición de los Estados Unidos.

(b)(1) Ninguna parte del contenido de esta ley reconocerá, negará, aumentará, impedirá o de otra forma afectará cualquier reclamación en contra de los Estados Unidos, y cualquier reclamación tal estará gobernada por las leyes aplicables de los Estados Unidos.

(2) Nada en esta ley tiene la intención de ser, ni se debe entender como una determinación, interpretación o explicación por parte del Congreso de que cualquier ley aplicable autoriza, establece, reconoce o confirma la validez o la falta de validez de cualquier reclamación tal, y la determinación de la aplicabilidad de cualquier ley a cualquier reclamación tal no será afectada por nada que contenga esta Ley.

(c) El Estado no impondrá contribución alguna sobre cualquier terreno u otra propiedad que ahora pertenezca o que sea adquirida en el futuro por los Estados Unidos.

SEC. 206. ELECCIONES Y REFERENDUM DE ADMISION

(a)(1) Después del 1ro. de febrero de 1993 y antes del 1ro. de marzo de 1993, el Gobernador del Estado Libre Asociado de Puerto Rico emitirá una proclama para la elección de dos Senadores de los Estados Unidos y el número correspondiente de Representantes al Congreso de los Estados Unidos como está provisto en esta Ley. El Gobernador del Estado Libre Asociado certificará la elección de los Senadores y los Representantes de la forma que la ley requiere. Los senadores y Representantes que hayan sido elegidos tendrán derecho, el 19 de noviembre de 1993, a ser admitidos a ocupar escaños en el Congreso y a disfrutar de todos los derechos y privilegios que tienen los Senadores y Representantes de los demás Estados en el Congreso de los Estados Unidos. La Oficina del Comisionado Residente dejará de existir cuando se lleve a cabo la juramentación del primer miembro de la Cámara que haya sido elegido.

(2) En la primera elección de los Senadores del Estado, los dos escaños senatoriales serán identificados y designados separadamente y ninguna persona podrá ser candidato a ambos escaños. Ni la identificación ni la designación de cualesquiera de los dos Senadores se referirá o se considerará como una referencia a los términos de esos puestos, ni de ninguna forma entorpecerá el privilegio del Senado para determinar la clase a la cual cada uno de los Senadores electos será asignado.

(b)(1) Los comicios se efectuarán y se certificarán conforme a las provisiones de las leyes electorales de Puerto Rico y en la forma que ordene el Estado Libre Asociado de Puerto Rico. El Gobernador del Estado Libre Asociado de Puerto Rico certificará los resultados de estos comicios para el Presidente de los Estados Unidos.

(2) El nuevo Estado de Puerto Rico se conocerá como The Commonwealth of Puerto Rico.

(3) Las personas que ocupen cuerpos legislativos ejecutivos y judiciales en el Estado Libre Asociado de Puerto Rico, continuarán desempeñando los deberes de sus respectivos puestos. Luego que el Presidente de los Estados Unidos emita la proclama y el Estado Libre Asociado de Puerto Rico sea admitido a la Unión como uno de los Estados, los funcionarios elegidos o nombrados bajo las provisiones de la constitución y las leyes del Estado Libre Asociado procederán a ejercer todas las funciones pertinentes a sus puestos bajo o por la autoridad del gobierno del Estado, como proveen la constitución y las leyes del Estado.

SEC. 207. REPRESENTACION CONGRESIONAL

El Estado Libre Asociado de Puerto Rico al ser admitido a la Unión, y hasta la nueva repartición tendrá derecho a siete Representantes tal como dicta la ley actual, por lo tanto la Unión aumentará de 435 a 442 Representantes.

SEC. 208. LEYES EN VIGOR

(a) Cuando el Estado Libre Asociado de Puerto Rico sea admitido a la Unión todas las leyes locales entonces en vigor en el Estado Libre Asociado de Puerto Rico estarán y se mantendrán en vigor y en efecto a través de todo el Estado, hasta que sean enmendadas, modificadas o revocadas por el Estado Libre Asociado. Todas las leyes de los Estados Unidos se mantendrán en vigor y en efecto en el Estado de la misma forma que lo estaban el 18 de noviembre de 1993 excepto que esta ley provea lo contrario y excepto por cualquier provisión de ley que provea concesiones u otra ayuda a los Estados o a otras unidades del gobierno local o a personas y para los cuales Puerto Rico o sus residentes o están excluidos o su elegibilidad es menor que la que se les provee en base uniforme a los demás Estados. Cualquier provisión reglamentaria o legal, además de las concesiones y otros tipos de ayuda, que no se aplique a Puerto Rico solamente debido a su particular geografía, especialmente si una provisión de esa índole no se aplica tampoco a Alaska y a Hawaii, continuará no aplicando a menos que sea específicamente extendida por el Congreso.

(b) El Presidente designará una Comisión de las Leyes Federales para que estudie las leyes de los Estados Unidos y haga recomendaciones al Congreso de los Estados Unidos sobre hasta qué grado y en qué forma deben hacerse aplicables aquellas leyes de los Estados Unidos que no se aplican a Puerto Rico y hasta qué grado y en que forma deben hacerse inaplicables aquellas leyes que sí se aplican. La Comisión constará de siete personas por lo menos cuatro de las cuales serán residentes de Puerto Rico que están y han estado residiendo continuamente en Puerto Rico por lo menos por cinco años para la fecha de su nombramiento, que representarán los intereses federales, locales, privados y públicos en cuanto a la aplicabilidad de las leyes de los Estados Unidos a Puerto Rico. La Comisión rendirá su informe final para el día 1ro. de enero de 1994, pero antes de esa fecha rendirá al Congreso aquellos informes parciales y recomendaciones que considere adecuados. Al formular sus recomendaciones la Comisión tomará en consideración el efecto potencial de cada ley sobre las condiciones locales que existen en Puerto Rico así como las políticas incorporadas en la ley y las provisiones y los propósitos de este Título. Estados Unidos asumirá el costo de la labor realizada por la Comisión. Se ha autorizado la asignación de las cantidades que se consideren necesarias para lograr los objetivos de esta sección.

SEC. 209. CONTINUACION DE DEMANDAS

(a) Ninguna orden, decreto, acción, procesamiento, causa o procedimiento judicial que esté pendiente en un tribunal del Estado Libre Asociado de Puerto Rico quedará anulado como resultado de la admisión del Estado Libre Asociado de Puerto Rico a la Unión, sino que procederá a través de los tribunales estatales pertinentes que están ahora establecidos bajo la Constitución del Estado Libre Asociado, o continuará en el Tribunal de Distrito de los Estados Unidos para el Distrito de Puerto Rico, según requiera la naturaleza del caso.

(b) Todas las causas de acción civil y todos los delitos criminales que hayan surgido o se hayan cometido antes de la admisión del Estado Libre Asociado, pero para los cuales no haya quedado pendiente ninguna orden, decreto, acción, procesamiento o procedimiento para la fecha de esta admisión, estarán sujetos a procesamiento en los tribunales estatales pertinentes o en el Tribunal de Distrito de los Estados Unidos para el Distrito de Puerto Rico de igual forma, hasta el mismo grado y con el mismo derecho a revisión para apelación, como si se hubiera creado tal Estado y se hubieran establecido tales tribunales estatales anteriormente a la acumulación de tales causas de acción o la perpetración de tales ofensas. La admisión del Estado no causará ningún cambio en las leyes substantivas o procesales que rigen las causas de acción, y los delitos criminales que hubieran surgido o se hubieran cometido, y cualquier delito criminal de tal índole que hubiera sido cometido en contra de las leyes del Estado Libre Asociado de Puerto Rico, será enjuiciado y castigado por los tribunales pertinentes del Estado, y cualquier delito criminal que se hubiera cometido en contra de las leyes de los Estados Unidos será enjuiciado y castigado en el Tribunal de Distrito para el Distrito de Puerto Rico.

SEC. 210. APELACIONES

Las partes tendrán los mismos derechos en cuanto a la revisión judicial de las decisiones finales del Tribunal de Distrito de los Estados Unidos para el Distrito de Puerto Rico o el Tribunal Supremo del Estado Libre Asociado de Puerto Rico, en cualquier caso que finalmente se decida anteriormente a la admisión del Estado de Puerto Rico a la Unión, se haya o no perfeccionado una apelación anteriormente a tal admisión. El Tribunal Federal de Apelaciones y el Tribunal Supremo de los Estados Unidos tendrán la misma jurisdicción sobre estos casos como provee la ley anteriormente a la admisión del Estado a la Unión.

Cualquier mandato emitido después de la admisión del Estado, será al Tribunal de Distrito para el Distrito de Puerto Rico o a un tribunal estatal, según sea lo propio. Las partes tendrán los mismos derechos de apelación y de una revisión de apelación en cuanto a todas las órdenes, fallos y decretos del Tribunal de Distrito de los Estados Unidos para el Distrito de Puerto Rico y del Tribunal Supremo de Puerto Rico, en cualquier caso que haya quedado pendiente en el momento en que el Estado fue admitido a la Unión, y el Tribunal Supremo del Estado Libre Asociado de Puerto Rico y la Corte Suprema de los Estados Unidos tendrán la misma jurisdicción en ese respecto, tal como provee la ley para cualquier paso que surja subsecuentemente a la admisión del Estado a la Unión.

SEC. 211. TERRENOS MILITARES

(a) Sujeto a la subsección (b) y sin tomar en consideración la admisión del Estado Libre Asociado de Puerto Rico a la Unión, los Estados Unidos se reservan la autoridad para que el Congreso de los Estados Unidos ejerza el poder de emitir legislación exclusiva, tal como provee el artículo I, sección 8, cláusula 17 de la Constitución de los Estados Unidos, en absolutamente todos los casos que involucren tales extensiones o parcelas de terreno que, inmediatamente antes de la admisión del Estado, estén controlados o sean propiedad de los Estados Unidos y que se mantengan para la defensa o para propósitos de la Guardia Costanera.

(b)(1) El Estado Libre Asociado de Puerto Rico siempre tendrá el derecho de servir citaciones tanto civiles como criminales dentro de tales extensiones o parcelas de terreno en demandas o procesamientos para o debido a que se hubieran adquirido derechos, incurrido en obligaciones o cometido delitos dentro del Estado pero fuera de tales extensiones o parcelas de terreno.

(2) La autoridad que se han reservado los Estados Unidos para que el Congreso de los Estados Unidos ejerza el poder de legislación exclusiva sobre tales terrenos no funcionará para evitar que tales terrenos sean parte del Estado Libre Asociado de Puerto Rico, o para evitar que el Estado ejerza sobre tales terrenos, concurrentemente con el gobierno Federal, cualquier jurisdicción que pudiese tener en ausencia de tal reservación de autoridad y que esté en armonía con las leyes que de allí en adelante apruebe y ponga en ejecución el Congreso conforme a tal reservación o autoridad.

(3) El poder de legislación exclusiva recaerá y se mantendrá sobre los Estados Unidos solamente en caso de que la extensión o la parcela de terreno involucrada esté controlada o sea propiedad de los Estados Unidos y utilizada para la defensa o los propósitos de la Guardia Costanera, excepto que los Estados Unidos continuará manteniendo única y exclusiva jurisdicción sobre tales instalaciones militares que hayan sido o puedan ser consideradas como áreas críticas y así designadas por el Presidente de los Estados Unidos o el Secretario de la Defensa.

SEC. 212. CIUDADANIA ESTADOUNIDENSE

Ninguna de las provisiones de esta Ley podrá operar

para conferir la ciudadanía de los Estados Unidos, para quitar la ciudadanía adquirida legalmente o para restaurar la ciudadanía que haya finalizado o se haya perdido bajo cualquier ley de los Estados Unidos o bajo cualquier trata-do del cual los Estados Unidos es o haya sido parte.

SEC. 213. REAJUSTE ECONOMICO

Las siguientes provisiones se han aprobado conforme al poder del Congreso para admitir nuevos estados, en reconocimiento a las circunstancias particulares que afec-tan a Puerto Rico como resultado de la desigual aplicación de las contribuciones y los programas federales al contra-rio de la situación de cualquiera otro estado recién admiti-do, y solamente con el propósito de que se efectúe una transición serena y justa para el nuevo Estado con un mínimo de dislocación económica y para permitir a las agencias federales que asuman o amplíen sus responsabili-dades en la administración y el cumplimiento de las con-tribuciones y los programas federales que afectan a los ciudadanos que residan en el nuevo Estado.

(a) APLICACION DE IMPUESTOS AL CONSU-MO – A partir del 1ro. de enero de 1992 todos los impues-tos al consumo federales que hasta la fecha no hayan sido aplicables a Puerto Rico por la presente quedan extendi-dos a Puerto Rico de la misma forma en que se aplican a los varios otros Estados: Disponiéndose, que una cantidad equivalente a la cantidad de ingresos al erario derivados de tales impuestos hasta el 19 de noviembre de 1993 será depositada en un fondo especial de transición por la pre-sente establecido en Hacienda para la transferencia del Estado de Puerto Rico como está provisto en la subsec-ción (e) de esta sección. Tales fondos acumularán intereses hasta la fecha de la transferencia como haya determinado el Secretario de Hacienda tomando en consideración los intereses sobre las obligaciones de los Estados Unidos de madurez similar.

(b) APLICACION DE LAS LEYES FEDERALES
–A partir del momento en que se hayan certificado los resultados del referéndum, a los directores de todas las agencias federales se les ordena, como asunto prioritario, que examinen la aplicación de todos los programas bajo la jurisdicción de sus respectivas agencias y, luego de haber consultado con el Gobernador de Puerto Rico, recomienden al Presidente qué cambios, si alguno, y qué requisitos administrativos adicionales, si alguno, se necesitarán para lograr adecuadamente la aplicación de las leyes federales en o al nuevo Estado tomando en consideración las circunstancias económicas, geográficas y culturales del nuevo Estado.

(c) TRANSICION PARA CIERTOS DERECHOS – A menos que sea alterada por el Congreso, la actual aplicación de los siguientes programas: Ayuda a los Envejecientes, No Videntes e Incapacitados, Ingreso de Seguro Suplementario, Ayuda a Familias con Hijos Dependientes, Medicaid, Medicare, Ayuda para el Cuidado de Crianza y Adopción, Subsidios para Servicios Sociales, Programas de Asistencia Nutricional, y el Programa de Cupones de Alimentos, se continuará hasta el 19 de noviembre de 1993, y a los directores de las agencias que administran tales programas se les ordena que consulten con el Gobernador de Puerto Rico y que tomen la acción administrativa, incluyendo la solicitud de autoridad suficiente sobre el presupuesto como para reclutar y adiestrar nuevo personal, establecer listas, y determinar la elegibilidad para permitir la completa aplicación de tales programas en el Estado de Puerto Rico a partir del 19 de noviembre de 1993 de la misma forma en que se aplican dichos programas dentro de los varios otros Estados (incluyendo la substitución del programa de Ayuda a Envejecientes, No Videntes e Incapacitados por el programa de Ingreso de Seguro Suplementario y la substitución del programa de Asistencia Nutricional por el programa de Cupones de

Alimentos). A partir del 19 de noviembre de 1993, todos estos programas se aplicarán en Puerto Rico tal como se aplican en los varios otros estados: Siempre y cuando los reembolsos bajo Medicare no excedan del costo actual de proveer atención médica equivalente a los niveles de la atención médica que se provee en los varios Estados adyacentes: y Siempre y cuando, además, el secretario de Agricultura pueda, con el consentimiento y el visto bueno del Gobernador de Puerto Rico continuar asignando la cantidad de fondos para la cual Puerto Rico se hace elegible bajo el Programa de Cupones de Alimentos como una subvención general y no en forma de cupones como un programa piloto hasta el 1 de octubre de 1997 a menos que el Congreso provea lo contrario.

(d) TRANSICION EN CUANTO A LAS CONTRIBUCIONES – El actual trato contributivo aplicable a Puerto Rico será continuado hasta el 19 de noviembre de 1993. En cuanto sean certificados los resultados del referéndum, el Secretario de Hacienda consultará con el Gobernador de Puerto Rico sobre la transición al nuevo Estado desde una jurisdicción contributiva extranjera. El Secretario está autorizado, bajo condiciones no reembolsables, a proveer cualquier ayuda técnica y de otra índole que requiera el Gobernador para reformar la situación contributiva actual de Puerto Rico antes del 19 de noviembre de 1993. A los directores de todas las agencias federales se les ordena que ayuden al Secretario y provean cualquier asistencia que el Secretario pueda requerir. A partir del 19 de noviembre de 1993, las leyes federales de rentas internas se aplicarán en el Estado de Puerto Rico de la misma forma en que se aplican en los varios otros Estados sujetas a tales reglas transicionales u otras provisiones que haya puesto en vigor el Congreso anteriormente a esa fecha: Siempre y cuando el crédito previamente permitido bajo la sección 936 del Código de Rentas Internas sea reducido al 80% en 1994, 60% en 1995, 40% en

1996, 20% en 1997, y no esté disponible con respecto a los ingresos o las inversiones adquiridas por medio de actividades en Puerto Rico de allí en adelante: Siempre y cuando, además, que el Comisionado del Servicio de Rentas Internas emita tales reglamentos para proveer de forma equitativa para la cubierta por parte del año de tales leyes durante el período desde el 19 de noviembre de 1993 hasta el 1ro. de enero de 1994.

(e) SUBVENCIONES Y AYUDA AL ESTADO –

(1) Los fondos cubiertos bajo el fondo de transición conforme a la subsección (a) serán transferidos al Estado de Puerto Rico el 19 de noviembre de 1993.

(2) La actual cubierta que proveen las apropiaciones permanentes indefinidas de derechos de aduana y los pagos equivalentes sobre el alcohol por la presente serán continuados como una subvención Estatal:

(3) Hasta tanto quede estipulado por ley y excepto como provee la subsección (a) y el párrafo (e)(1) de esta sección, todos los ingresos derivados de los impuestos de consumo que se hicieron aplicables en Puerto Rico conforme a la subsección (a) de esta sección, o cualquier nuevo impuesto de consumo que se haga aplicable de allí en adelante pasará al Tesoro de Puerto Rico. Según el Pacto con el Estado de Puerto Rico, no se podrá efectuar ninguna alteración en la transferencia de fondos bajo los párrafos (2) y (3) hasta después del 1 de octubre de 1999.

(4) Como una subvención estatal transicional para ayudar al nuevo Estado a mantener los servicios gubernamentales y para proveer para el mantenimiento de la infraestructura, y para disminuir el efecto sobre los ingresos locales durante la transición de ser una jurisdicción contributiva extran-

jera, todos los ingresos derivados de la aplicación de las leyes federales de rentas internas en 1993, 1994 y 1995 pasarán al Tesoro de Puerto Rico.

TITULO III – INDEPENDENCIA

SEC. 301. ASAMBLEA CONSTITUYENTE

(a) De ser certificado bajo la sección 101 de esta Ley, que la independencia ha obtenido una mayoría de los votos emitidos en el referéndum, entonces la Asamblea Legislativa del Estado Libre Asociado de Puerto Rico hará las gestiones pertinentes, dentro de un período de 2 meses para que se elijan los delegados a una Asamblea Constituyente para que ésta sirva hasta tanto se proclame la independencia y para redactar una Constitución para la República de Puerto Rico. La elección de los delegados debe efectuarse dentro de un período de seis meses después del referéndum.

(b) Aquellos que estén cualificados para votar en las elecciones para escoger los delegados a la Asamblea Constituyente serán: (1) todas las personas nacidas y que residen en Puerto Rico; (2) todas las personas que residen en Puerto Rico y uno de cuyos padres nació en Puerto Rico; (3) todas las personas que al momento de adoptarse esta ley hayan residido en Puerto Rico durante un período de veinte años o más; (4) todas las personas que establecieron residencia en Puerto Rico antes de haber alcanzado la edad para votar y que todavía residen en Puerto Rico; y (5) los cónyuges de todas las personas que se incluyen en (1), (2), (3), y (4).

(c) Las leyes del Estado Libre Asociado de Puerto Rico pertinentes a las cualificaciones adicionales para los votantes y el proceso electoral se aplicarán a estas elecciones.

(d) La Asamblea Constituyente se reunirá dentro de un período de tres meses después de la selección de los delegados en una fecha y lugar que determine la Asamblea

Legislativa del Estado Libre Asociado de Puerto Rico.

(e) La Asamblea Constituyente ejercerá jurisdicción sobre todo el territorio de Puerto Rico cedido por España a los Estados Unidos en virtud del Tratado de París del 10 de diciembre de 1898.

SEC. 302. CARACTER DE LA CONSTITUCION

(a) La Asamblea Constituyente que se decreta bajo la sección anterior formulará y redactará una Constitución estableciendo una forma republicana de gobierno que garantizará la protección de los derechos humanos fundamentales.

(b) Los derechos humanos fundamentales garantizados por la antedicha Constitución incluirán derechos tales como el debido proceso de la ley e igual protección bajo la ley, la libertad de palabra, de prensa, de reunión, de asociación y de religión, así como también los derechos de los acusados y derechos económicos, sociales y culturales tales como el derecho a la educación, a una alimentación adecuada, a servicios médicos, a vivienda adecuada y al trabajo y empleo, así como el derecho a poseer propiedad privada y a recibir una justa compensación cuando se le prive de ello.

(c) Los derechos de propiedad de los Estados Unidos y de Puerto Rico se ajustarán y se establecerán rápidamente, y todos los derechos de la propiedad existentes de los ciudadanos o de las corporaciones de los Estados Unidos serán reconocidos, respetados y protegidos de la misma forma que los derechos de la propiedad de los ciudadanos de Puerto Rico.

SEC. 303. RATIFICACION DE LA CONSTITUCION

(a) La Constitución adoptada por la Asamblea Constituyente será sometida al pueblo de Puerto Rico para que la ratifique o rechace.

(b) La Asamblea Legislativa del Estado Libre Asociado de Puerto Rico solicitará una votación especial para la ratificación o el rechazo, que se efectuará dentro de un período de tres meses a partir de la fecha de adopción de la Constitución por la Asamblea Constituyente.

(c) La votación especial que ofrece a todos los votantes cualificados la oportunidad para emitir su voto a favor o en contra de la propuesta Constitución se llevará a cabo de la forma prescrita por la Asamblea Legislativa del Estado Libre Asociado de Puerto Rico. En caso de que esta Constitución no sea aprobada en la votación se someterá nuevamente a la asamblea para que ésta la reconsidere y la someta nuevamente a los votantes tal como se estipula en esta sección.

(d) Aquellos cualificados para participar en esa votación serán aquellos que poseen las cualificaciones que se establecen en la sección 301 de este título.

SEC. 304. ELECCION DE FUNCIONARIOS DE LA REPUBLICA

(a) Antes de los treinta días de la ratificación de la Constitución tal como provee la sección 303 de este título, el Gobernador del Estado Libre Asociado de Puerto Rico emitirá una proclama solicitando la elección de aquellos funcionarios de la República de Puerto Rico que puedan ser requeridos por la Constitución ratificada.

(b) La elección de funcionarios de la República se efectuará antes de los seis meses a partir de la fecha de la ratificación de la Constitución.

(c) La antedicha votación se efectuará de acuerdo a los procedimientos y los requisitos establecidos en la Constitución de la República de Puerto Rico.

(d) El Gobernador del Estado Libre Asociado de Puerto Rico certificará los resultados de la votación para el Presidente de los Estados Unidos.

SEC. 305. COMISION CONJUNTA DE TRANSICION

(a) Una Comisión Conjunta de Transición será nombrada en igualdad numérica por el Presidente de los Estados Unidos y el Presidente de la Asamblea Constituyente de Puerto Rico.

(b) La Comisión Conjunta de Transición será responsable de velar por que se lleve a cabo lo más pronto posible la transferencia ordenada de todas las funciones que en ese momento ejerce el gobierno de los Estados Unidos en Puerto Rico, o en relación a Puerto Rico incluyendo la recomendación de legislación pertinente a los funcionarios pertinentes de cada gobierno.

(c) Cualquier fuerza especial de operaciones ("task force") necesaria que sea establecida por la Comisión Conjunta de Transición se constituirá de la misma manera que la Comisión.

(d) El Gobierno del Estado Libre Asociado de Puerto Rico y las agencias del Gobierno de los Estados Unidos deberán cooperar con la Comisión Conjunta de Transición y subsecuentemente con los nuevos funcionarios de la República de Puerto Rico, para lograr la transferencia ordenada de las funciones gubernamentales.

(e) Las costas de la Comisión de Transición se dividirán en partes iguales entre los Estados Unidos y Puerto Rico y por la presente se autoriza la asignación de los dineros que sean necesarios para cubrir la parte de estas costas de los Estados Unidos. Las agencias del gobierno de los Estados Unidos proveerán ayuda técnica a la Comisión Conjunta de Transición mediante fórmula reembolsable.

SEC. 306. RESOLUCION DE LAS CONTROVERSIAS ANTES DE LA INDEPENDENCIA

(a) Excepto como se estipula en el Título I de esta Ley y comenzando en la fecha de la certificación para la cual se dispone en el Título I de esta Ley, y hasta la fecha en que se proclame la independencia, cualquier acción que surja a raíz de este Título que se radique en un tribunal de los Estados Unidos se suspenderá y se referirá a la Comisión Conjunta de Transición para que ésta logre una resolución dentro de un periodo razonable de tiempo.

SEC. 307. PROCLAMAS DEL PRESIDENTE DE LOS ESTADOS UNIDOS Y DEL JEFE DE ESTADO DE LA REPUBLICA DE PUERTO RICO

(a) Antes de un mes de la certificación oficial de los funcionarios de la República de Puerto Rico que han resultado elegidos bajo la sección 304, y la aprobación de los acuerdos estipulados en las secciones 312 y 313, el Presidente de los Estados Unidos por proclama retirará y cederá todos los derechos de posesión, supervisión, jurisdicción, control y soberanía entonces existentes y ejercidos por los Estados Unidos sobre el territorio y el pueblo de Puerto Rico y además reconocerá en nombre de los Estados Unidos de América la independencia de la República de Puerto Rico y la autoridad del gobierno instituido por el Pueblo de Puerto Rico bajo la Constitución por él adoptada. La proclama estipulará que la fecha en que se hará efectivo el retiro de la soberanía de los Estados Unidos y el reconocimiento de la independencia será la misma fecha en que se haya de proclamar la independencia, según estipula la subsección (d).

(b) El Presidente de los Estados Unidos enviará una copia de la proclama por él emitida al funcionario que preside sobre la Asamblea Constituyente de Puerto Rico a la semana de haber firmado la misma.

(c) A la semana de haber recibido la proclama presidencial y con el asesoramiento del funcionario elegido como jefe de estado de la República, el presidente de la Asamblea Constituyente determinará la fecha en la cual el Gobierno de la República entrará en funciones y se lo notificará así al Gobernador del Estado Libre Asociado de Puerto Rico y al Presidente de los Estados Unidos.

(d) Al asumir su cargo, el Jefe de Estado de la República de Puerto Rico inmediatamente emitirá una proclama declarando: (1) que Puerto Rico se ha convertido en una nación soberana e independiente; (2) que la Constitución de la República está vigente desde ese momento en adelante; (3) que el Estado Libre Asociado de Puerto Rico y su gobierno ha dejado de existir; y (4) que el Gobierno de la República desde ese momento en adelante ejercerá sus poderes y deberes bajo su Constitución.

SEC. 308. EFECTOS DE LA PROCLAMACION DE LA INDEPENDENCIA SOBRE LAS PROVISIONES LEGALES Y CONSTITUCIONALES

(a) A raíz de la proclamación de la independencia como dispone la Sección 307, y excepto como se disponga por otra parte en este título o en otros acuerdos separados de aquí en adelante concluidos entre los Estados Unidos y la República de Puerto Rico –

(1) toda propiedad, derechos e intereses que pudo haber obtenido Estados Unidos sobre Puerto Rico en virtud del Tratado de París de 1896 y de allí en adelante por cesión, compra o dominio eminente, con excepción de tales terrenos y otra propiedad, derechos o intereses que pudieron haber sido vendidos o que de otra forma se haya dispuesto de ellos legalmente anteriormente a la aprobación de esta ley, recaerán sobre la República de Puerto Rico;

(2) todas las leyes de los Estados Unidos aplicables al Estado Libre Asociado inmediatamente antes que se proclame la independencia no seguirán aplicándose en la República de Puerto Rico; y

(3) todas las leyes y reglamentos del Estado Libre Asociado que estuvieran en vigor inmediatamente antes de que se proclamara la independencia continuarán en vigor y se interpretarán con tales modificaciones, adaptaciones, cualificaciones y excepciones que

fueren necesarias para que funcionen conforme a la Constitución de la República de Puerto Rico hasta el momento en que se sustituyan por nueva legislación; disponiéndose, que cualquier provisión que pueda ser incompatible con la soberanía de la República de Puerto Rico será considerada inválida.

SEC. 309. EFECTOS DE LA PROCLAMACION DE INDEPENDENCIA SOBRE LOS PRONUNCIAMIENTOS JUDICIALES

(a) La República de Puerto Rico reconocerá y pondrá en vigor todas las órdenes y fallos emitidos por los tribunales de los Estados Unidos o del Estado Libre Asociado anteriormente a que se haya proclamado la independencia conforme a las leyes de los Estados Unidos que entonces se aplicaban al Estado Libre Asociado de Puerto Rico.

(b) Todos los procedimientos judiciales que estén pendientes en los tribunales del Estado Libre Asociado anteriormente a la proclamación de la independencia continuarán en los correspondientes tribunales bajo la Constitución de la República de Puerto Rico.

(c) Una vez proclamada la independencia, el poder judicial de los Estados Unidos ya no se extenderá a Puerto Rico. Todos los procedimientos pendientes en el Tribunal de Distrito de los Estados Unidos para el Distrito de Puerto Rico serán transferidos a los tribunales puertorriqueños correspondientes bajo la Constitución de la República de Puerto Rico para que se disponga sobre los mismos en conformidad con las leyes aplicables en el momento en que surgió la controversia que está en proceso. Todos los procedimientos pendientes en el Tribunal Federal de Apelaciones o en la Corte Suprema de los Estados Unidos, que puedan haberse iniciado en los tribunales del Estado Libre Asociado o en el Tribunal de Distrito de los Estados Unidos para el Distrito de Puerto Rico continuarán hasta su disposición final y serán sometidos a la autoridad competente de la República de Puerto Rico para su correspondiente ejecución: siempre y cuando que ni los Estados Unidos ni ninguno de sus funcionarios sea partícipe, en cuyo caso cualquier fallo final será debidamente ejecutado por la autoridad competente de los Estados Unidos.

SEC. 310. SUCESION DEL ESTADO

(a) El Gobierno de la República de Puerto Rico será considerado como el sucesor del Gobierno del Estado Libre Asociado de Puerto Rico y con todos sus derechos y las obligaciones del mismo.

(b) Al proclamarse la independencia el Presidente de los Estados Unidos notificará a los gobiernos con los cuales Estados Unidos mantiene relaciones diplomáticas, a la Organización de las Naciones Unidas y a la Organización de Estados Americanos, que:

(1) Estados Unidos ha reconocido la independencia de la República de Puerto Rico; y

(2) todas las obligaciones y las responsabilidades del Gobierno de Estados Unidos que surjan a raíz de cualquier instrumento internacional bilateral o multilateral válido que afecte a Puerto Rico, hasta el punto en que podría considerarse que tales intrumentos podrían tener consecuencias para los Estados Unidos debido a su aplicación a o en respecto a Puerto Rico, cesarán: siempre y cuando, que el Gobierno de la República de Puerto Rico pueda asumir tales obligaciones y responsabilidades de una forma que determinará y proclamará el debido funcionario de la República de Puerto Rico en conformidad con su Constitución.

SEC. 311. CIUDADANIA Y EMIGRACION

(a) Todos los asuntos pertinentes a la ciudadanía puertorriqueña serán regulados conforme a la Constitución y a las leyes de la República de Puerto Rico.

(b) Al certificarse el referéndum bajo la sección 101 (c) de esta Ley, a Puerto Rico ya no se le considerará como parte de los Estados Unidos para propósitos de adquirir la ciudadanía de los Estados Unidos por lugar de nacimiento. Las estipulaciones de la Ley Jones y de la Ley de Inmigración y Nacionalidad, que declaran que Puerto Rico es parte de los Estados Unidos, cuyo propósito es el de extender la ciudadanía a las personas nacidas en Puerto Rico, se revocarán o se modificarán según sea pertinente para eliminar cualquier referencia a Puerto Rico y Puerto Rico no se considerará como parte de los Estados Unidos para tales propósitos: siempre y cuando, que nada en esta sección afecte la ciudadanía de cualquier persona nacida antes de la fecha de certificación del referéndum.

(c) No obstante cualquier otra estipulación de la ley, ninguna persona nacida fuera de los Estados Unidos después de la proclamación de la independencia será ciudadano de los Estados Unidos al nacer si los padres de esa persona adquirieron la ciudadanía en los Estados Unidos únicamente en virtud de haber nacido en Puerto Rico antes de la proclamación de la Independencia conforme a las provisiones de la Ley Jones y la Ley de Inmigración y Nacionalidad.

(d) Toda persona que no sea ciudadana de los Estados Unidos y se convierta en ciudadana de la República de Puerto Rico a raíz de la proclamación de la Independencia, o se convierta en ciudadano de la República por nacimiento después de la proclamación de la independencia, o es un ciudadano naturalizado de la República que ha sido de hecho residente de Puerto Rico durante no menos de cinco años, puede después de la proclamación de la Independencia entrar o dedicarse legalmente a una ocupación y establecer residencia como inmigrante en los Estados Unidos, como estipulan las leyes y reglamentos de los Estados Unidos.

SEC. 312. DEFENSA

(a) Un grupo operacional especial establecido por la Comisión Conjunta de Transición hará las gestiones pertinentes para establecer las medidas particulares necesarias para permitir a los Estados Unidos el uso de áreas militares en Puerto Rico y para asegurar que se cumpla con los intereses militares de los Estados Unidos y las mismas serán aprobadas de acuerdo con los procesos institucionales tanto de los Estados Unidos como de Puerto Rico, y entrarán en vigor simultáneamente con la proclamación de la independencia. Estas medidas particulares dispondrán que:

(1) Los acuerdos sobre los derechos operacionales detallados y el status de las fuerzas serán ejecutados por el Gobierno de Puerto Rico y el Gobierno de los Estados Unidos de América en cuanto a la continua retención y acceso sin restricciones a y el uso por el Gobierno de los Estados Unidos, de las siguientes instalaciones militares, tal como aparecen expresamente descritas en los archivos de la propiedad del departamento de Defensa de los Estados Unidos:

Complejo de la Base Naval de Roosevelt Roads, incluyendo su Estación Naval, su Estación Naval de Adiestramiento y Estación Naval de Comunicaciones con su transmisor, receptor y puntos de relevo; las instalaciones en la isla de Vieques; el Grupo Naval de Seguridad de Sabana Seca; la Instalación de Radar de Punta Salinas; acceso al Aeropuerto Internacional de San Juan y la Base Muñiz de la Guardia Nacional Aérea; acceso al Aeropuerto Internacional Borinquen; el uso del Area de Adiestramiento del Campamento Santiago.

(2) El Gobierno de Puerto Rico está de acuerdo con proveer, bajo términos y condiciones de mutua aceptación, aquellas propiedades e instalaciones que el Go-

bierno de los Estados Unidos pueda determinar en el futuro que son necesarias para propósitos militares;

(3) El Gobierno de Puerto Rico está de acuerdo con negarle a terceros países cualquier clase de acceso a o de uso de cualquier territorio de Puerto Rico para propósitos militares, excepto bajo autorización específica del Gobierno de los Estados Unidos; y

(4) El Gobierno de Puerto Rico está de acuerdo en que las anteriores condiciones se mantendrán en vigor hasta que sean abrogadas o enmendadas por consentimiento mutuo de los gobiernos de Puerto Rico y los Estados Unidos.

(b) El consentimiento mutuo de parte de los Estados Unidos en cuanto a cualquier alteración, modificación, enmienda, limitación, terminación u otro cambio en el acuerdo mencionado en el párrrafo (3) ocurrirá solamente conforme a una Ley especial del Congreso.

SEC. 313. PROGRAMAS FEDERALES

(a) Todos los programas federales seguirán aplicándose en Puerto Rico por dos años después del referéndum según se estipula en la sección 101 de esta Ley.

(b) Un Grupo Operacional Especial para la Ayuda Económica establecido por la Comisión Conjunta de Transición llevará a cabo las gestiones pertinentes para establecer las medidas concretas necesarias para la continuación o la paulatina eliminación de los programas federales y éstas entrarán en vigor simultáneamente con la proclamación de la independencia. En general, las medidas concretas dispondrán que:

(1) Todos los programas federales de pensiones, tales como los beneficios a los veteranos y a los empleados federales, continuarán como dispone la ley de los Estados Unidos;

(2) Al finalizar el período de dos años establecido bajo la subsección (a), el Contralor General de los Esta-

dos Unidos determinará un estimado del total de concesiones, programas y servicios que provee el Gobierno Federal para Puerto Rico, excepto aquellas concesiones, programas y servicios que por el contrario continuarán bajo esta ley;

(3) Las concesiones categóricas iguales a la cantidad establecida bajo el párrafo (2) serán pagaderas anualmente a la República de Puerto Rico durante un período de siete años;

(4) Estados Unidos cumplirá con cualquier obligación contractual pendiente al finalizar el período de dos años establecido en la subsección (a), y

(5) Puerto Rico puede solicitar que Estados Unidos renueve o prolongue cualquier obligación contractual existente, siempre y cuando que Puerto Rico acepte que el costo de tal renovación o continuación se descuente de la concesión anual que se estipula en el párrafo (3)

(c) Se ha autorizado la asignación de las cantidades que se consideren necesarias para lograr los objetivos de esta sección.

SEC. 314. SEGURO SOCIAL

(a) Las estipulaciones actuales de los programas de Seguro por Incapacidad, de Sobrevivientes y de Envejecientes bajo el Título II de la Ley de Seguro Social aplicarán por cinco años subsecuentemente a la certificación del referéndum bajo la sección 101 de esta Ley.

(b) La Comisión Conjunta de Transición establecida bajo la sección 305 de esta Ley nombrará un Grupo Operacional Especial para el Seguro Social para establecer las medidas necesarias para la coordinación del Sistema de Seguro Social de los Estados Unidos con un sistema similar a establecerse en la nueva República de Puerto Rico. Este Grupo Especial protegerá los derechos de los trabajadores que están permanentemente asegurados bajo los programas de Seguro por Incapacidad, y para Envejecientes y Sobrevivientes bajo el Título II de la Ley de Seguro Social, por un período de cinco años subsecuentemente a la certificación del referéndum.

SEC. 315. MEDICARE

La Comisión Conjunta de Transición establecida bajo la sección 305 de esta Ley establecerá un Grupo Operacional Especial sobre Medicare para establecer las medidas necesarias para la coordinación del sistema de Medicare de los Estados Unidos con un sistema similar que se establecerá en la nueva República de Puerto Rico.

SEC. 316. RELACIONES COMERCIALES

(a) Hasta que se proclame la independencia las relaciones comerciales entre Puerto Rico y Estados Unidos serán tal y como estipula la ley actual.

(b) La Comisión Conjunta de Transición establecerá un Grupo Operacional Especial para el Comercio para que considere y desarrolle medidas especiales que regulen el comercio entre Estados Unidos y Puerto Rico después de proclamada la independencia. El Congreso indica que está dispuesto a considerar un acuerdo mutuo de comercio libre si se puede lograr uno. De no existir tal acuerdo, a Puerto Rico se le otorgará el status de nación muy favorecida y siempre y cuando Puerto Rico cumpla con todos los criterios y requisitos bajo la Ley de Recuperación Económica de la Cuenca del Caribe, se le designará como país beneficiario bajo la Iniciativa de la Cuenca del Caribe.

(c) Para poder ayudar a Puerto Rico subsecuentemente a la proclamación de la independencia, se estimula al Presidente para que trate de obtener condiciones tarifarias de otras naciones favorables a las exportaciones de Puerto Rico y para que exhorte a otros países para que designen a Puerto Rico como beneficiario bajo sus respectivos Sistemas Generales de Preferencias.

SEC. 317 CONTRIBUCIONES

(a) A partir del 1ro. de enero de 1994, el crédito contributivo actualmente permitido bajo la sección 936 del Código de Rentas Internas de los Estados Unidos se reducirá al 80% en 1994, 60% en 1995, 40% en 1996, 20% en 1997, y no estará disponible con respecto a los ingresos o a las inversiones producto de la actividad en Puerto Rico de allí en adelante; disponiéndose que no obstante la eliminación paulatina que por otra parte está provista en esta sección, la sección 936 será revocada en la fecha en que se proclame la independencia.

(b) La Comisión Conjunta establecida bajo la sección 305 de esta Ley creará un Grupo Operacional Especial sobre las Contribuciones para que tramite los Tratados Contributivos correspondientes para que regulen las relaciones entre Estados Unidos y Puerto Rico. Estos acuerdos serán aprobados por los gobiernos de Estados Unidos y Puerto Rico de acuerdo con sus respectivos procesos constitucionales.

SEC. 318. MONEDA Y FINANZAS

(a) La Comisión Conjunta de Transición establecida bajo la sección 305 nombrará un Grupo Operacional Especial sobre la Moneda y las Finanzas para que tramite un acuerdo para ayudar a la República de Puerto Rico a diseñar y establecer un sistema de seguro sobre los depósitos, para que determine el grado de apoyo financiero que las organizaciones de seguros de los Estados Unidos en la cuales las instituciones financieras de Puerto Rico actualmente participan tendrán que proveer para el sistema, y para que lleve a cabo las gestiones necesarias respecto a la moneda.

(b) Las garantías que provee el Gobierno de los Estados Unidos a los inversionistas en el mercado secundario de préstamos existentes, particularmente los préstamos hipotecarios garantizados por la Asociación Nacional Gubernamental Hipotecaria (G.N.M.A. por sus siglas en inglés), la Asociación Nacional Federal Hipotecaria (F.N.M.A. por sus siglas en inglés), y la Corporación Federal de Préstamos Hipotecarios para Hogares (F.H.J.M. por sus siglas en inglés) y otras instrumentalidades del Gobierno de los Estados Unidos se mantendrán para los préstamos originados en Puerto Rico que existían para la fecha de la proclamación hasta su madurez.

SEC. 319. DEUDA DEL ERARIO PUBLICO

La República de Puerto Rico asumirá las deudas, responsabilidades y obligaciones del Estado Libre Asociado de Puerto Rico, sus municipalidades e instrumentalidades, válidos y pendientes para la fecha de la proclamación de la independencia.

TITULO IV – ESTADO LIBRE ASOCIADO

SEC. 401. De certificarse, bajo la sección 101 de esta Ley, que el Estado Libre Asociado ha obtenido la mayoría de los votos emitidos en el referéndum, las estipulaciones de este título entrarán en vigor el 1ro. de octubre de 1991.

SEC. 402. LOS PRINCIPIOS DEL ESTADOLIBRISMO

(a) El Estado Libre Asociado de Puerto Rico es una entidad política que se autogobierna y que está vinculada en una relación política a los Estados Unidos bajo la soberanía de los Estados Unidos. Esta relación es permanente a menos que sea revocada por mutuo consentimiento.

(b) La política de los Estados Unidos será la de intensificar la relación de asociación de que gozan el Estado Libre Asociado de Puerto Rico y los Estados Unidos para permitir al pueblo de Puerto Rico que acelere su desarrollo económico y social y que alcance la máxima autonomía cultural.

SEC. 403. APLICACION DE LAS LEYES FEDE-RALES

(a) A pesar de cualquier otra estipulación de la ley, el Gobernador del Estado Libre Asociado de Puerto Rico puede certificar de vez en cuando para el Presidente de la Cámara de Representantes y para el Presidente del Senado, que la Legislatura del Estado Libre Asociado de Puerto Rico ha adoptado una resolución que indica que una ley federal o una provisión de la misma no debe ya aplicar al Estado Libre Asociado de Puerto Rico ya que no existe un preponderante interés nacional en que esa ley federal sea aplicable a Puerto Rico y que tal aplicabilidad no sirve a los intereses del pueblo del Estado Libre Asociado de Puerto Rico. Una ley o varias leyes federales que se hayan certificado de tal forma no aplicarán ya al Estado Libre Asociado de Puerto Rico si se aprueba una resolución conjunta sancionando la recomendación del Gobierno del Estado Libre Asociado de Puerto Rico.

(b) CURSO DE LA REVISION CONGRESIONAL

(1) Formulación de Reglamentos Congresionales – El Congreso aprueba esta subsección como un medio para permitir que el Senado y la Cámara de Representantes respectivamente puedan ejercer su poder para instituir reglamentos, y como tal se considera como parte de las pautas de cada Cámara, respectivamente, pero es aplicable solamente con respecto al procedimiento a seguirse en esta subsección; y abroga otros reglamentos solamente hasta el grado en que sean inconsecuentes con aquellos.

(2) Resolución – Para propósitos de esta subparte, el término "resolución" significa solamente

una resolución conjunta, de la cual el asunto después de la cláusula de la resolución es como sigue: "Que la Cámara de Representantes y el Senado aprueban la recomendación del Gobierno del Estado Libre Asociado de Puerto Rico en la certificación sometida al Congreso en   de 19 ". Una resolución como tal también debe incluir la certificación recibida del Gobernador del Estado Libre Asociado de Puerto Rico y una copia de la resolución adoptada por la Legislatura del Estado Libre Asociado de Puerto Rico.

(3) Referencia – Una vez que se ha introducido una resolución con respecto a una certificación del Gobernador del Estado Libre Asociado de Puerto Rico, el Presidente de la Cámara de Representantes y el Presidente del Senado, según sea el caso, referirán inmediatamente la misma al comité cameral sobre Asuntos Internos e Insulares y al comité senatorial de Energía y Recursos Naturales y a la misma vez a cualesquiera otros comités que el Presidente de la Cámara de Representantes y el Presidente del Senado, respectivamente, determinen.

(4) Remoción del comité –

(A) En General – Si el comité o los comités a los cuales se les ha referido una resolución con respecto a una certificación del Gobernador del Estado Libre Asociado de Puerto Rico no ha emitido un informe sobre la misma al cabo de 45 días calendario luego de recibir la referencia, estará en orden que se presente una moción para que se exima al comité de continuar considerando esa resolución.

(B) Mociones – Solamente una persona que favorezca la resolución puede presentar una moción para eliminar el comité y ésta será altamente privilegiada (excepto que no podrá hacerse después que el comité haya reportado una resolución con respecto a la misma referencia), y el debate sobre la misma estará limitado a no más de una hora, que se dividirá en partes iguales entre los que favorecen y los que se oponen a la resolución. Una enmienda a la moción no estará en orden, y tampoco estará en orden presentar una moción para reconsiderar la votación por medio de la cual se decidió a favor o en contra de la moción.

(C) Renovación – Si se está de acuerdo o en desacuerdo con la moción para despedir al comité, la moción no podrá renovarse, ni tampoco se podrá presentar otra moción para despedir al comité con respecto a cualquier otra resolución con respecto a la misma referencia.

(5) Consideración en el uso de la palabra –

(A) Moción para Considerar – Cuando el último comité haya rendido su informe, o se haya eximido de continuar dando consideración a una resolución, desde ese momento en adelante estará en orden en cualquier momento (aunque se haya rechazado una moción previa para el mismo propósito) presentar una moción para proceder con la consideración de la resolución. La moción será altamente privilegiada y no será debatible. No estará en orden una enmienda a la moción y tampoco estará en orden presentar una moción para reconsiderar la votación mediante la cual se aceptó o se rechazó la moción.

(B) Debate y Consideración – El debate

sobre la resolución mencionada en el subpárrafo (A) de este párrafo estará limitado a no más de 10 horas las cuales se dividirán igualmente entre los que favorecen y los que rechazan esa resolución. Una moción para limitar el debate no será debatible. No estará en orden ni una enmienda ni una moción para volver a presentar la resolución, y tampoco estará en orden presentar una moción para reconsiderar la votación mediante la cual se aceptó o se rechazó la moción.

(6) Determinación de las mociones –

(A) Mociones para Posponer o Proceder con Otros Asuntos – Las mociones para posponer, presentadas con respecto a la remoción del comité, o la consideración de una resolución y las mociones para proceder a darle consideración a otros asuntos, serán decididas sin debate.

(B) Apelaciones sobre la Decisión de la Presidencia – Las apelaciones sobre la decisión de la presidencia relacionadas con la aplicación de los reglamentos del Senado o de la Cámara de Representantes, según sea el caso, en cuanto al procedimiento relacionado a una resolución serán decididas sin debate.

(7) Acción Subsecuente – No obstante cualquiera de las estipulaciones de esta subsección, si una de las Cámaras ha aprobado una resolución con respecto a una referencia, entonces no estará en orden considerar en esa Cámara ninguna otra resolución con respecto a la misma referencia.

(8) Cómputo del período de tiempo – Para propósitos de esta subsección –

(A) la continuidad de una sesión se interrumpe solamente en caso de receso del Congreso *sine die*; y

(B)los días en los cuales cualquiera de las dos Cámaras no esté en sesión por algún receso de más de tres días hasta un cierto día están excluidos en el cómputo de cualquier período de tiempo durante el cual el Congreso esté en sesión continua.

(c) Esta sección no se aplicará a:

(1) ninguna ley federal estatutaria, o estipulación de la misma, que provea directa o indirectamente concesiones y/o servicios para los ciudadanos de los Estados Unidos como individuos, ni a

(2) ninguna ley federal estatutaria o estipulación de la misma relacionada con la ciudadanía, ni a

(3) ninguna ley federal estatutaria o estipulación de la misma (que tenga que ver con la defensa y la seguridad nacional).

(d) El Gobernador de Puerto Rico puede participar en acuerdos internacionales para promover los intereses internacionales de Puerto Rico según lo autorice el Presidente de los Estados Unidos, y en concordancia con las leyes y obligaciones internacionales de los Estados Unidos.

SEC. 404. – REVISION REGLAMENTARIA

(A) Para los propósitos de esta sección, se aplican las definiciones en 5 U.S.C. sección 551.

(B) Todas las agencias se regirán por las pautas estipuladas en la sección 402 cuando estén cumpliendo con sus deberes bajo los estatutos y los reglamentos aplicables respecto al Estado Libre Asociado de Puerto Rico. Cualquier agencia que participe en la formulación de reglamentos conforme al 5 U.S.C. sección 553 deberá incluir en la declaración general concisa de las bases y propósitos de cualesquiera pautas finales adoptadas como resultado de cualquier estadística, punto de vista o argumento que se le haya sometido que cree dudas sobre la concordancia de tales pautas con esa política.

(C) Cuando una agencia publica en el Registro Federal cualquier regla, que no sea una regla emitida después de la notificación y la vista pública requerida por estatuto, que no estipula que no se aplique en el Estado Libre Asociado de Puerto Rico, el Gobernador del Estado Libre Asociado de Puerto Rico puede someter a esa agencia dentro de un período de 30 días (o un período más largo que la agencia haya determinado que sea el período entre la publicación de la regla y su vigencia) su determinación de que esa regla es inconsecuente con esa política y, de ser pertinente, lo que podría hacerse para hacerla consecuente. Por consiguiente, la agencia reconsiderará el asunto de la congruencia entre su regla con la política en cuestión y publicará en el Registro Federal, dentro de un período de 45 días después de haber recibido la determinación del Gobernador, que ha encontrado –

(1) que –

(A) según los términos del estatuto conforme al cual se ha formulado la regla, la agencia no tiene discreción para determinar que esa regla sea inaplicable en el Estado Libre Asociado de Puerto Rico o para variar los términos de la regla en cuanto a su aplicación al Estado Libre Asociado o que

(B) hay un interés nacional para que la regla sea aplicable en Puerto Rico en los términos en los cuales se publicó, o

(2) que la regla no concuerde con la política, en tal caso la regla, haya sido anteriormente aplicable o no en el Estado Libre Asociado de Puerto Rico de acuer-

do con sus términos según publicada, no será aplicable solamente según los términos estipulados concretamente en los hallazgos de la agencia.

(3) A los 60 días después que la agencia haya publicado los hallazgos estipulados en el párrafo (1), el Gobernador del Estado Libre Asociado de Puerto Rico, de haber sido perjudicado por ese hallazgo, puede solicitar una revisión del mismo en el Tribunal Federal de Apelaciones de los Estados Unidos o en el Circuito del Distrito de Columbia. Para cualquier revisión de esa índole los procedimientos a seguirse serán tal como están prescritos en 5 U.S.C. sección 706. Los tribunales federales no tendrán jurisdicción para considerar ninguna acción iniciada por alguna otra parte que objete el cumplimiento de la agencia con esta subsección.

SEC. 405. AVIACION

Los funcionarios de la Administración Federal de Aviación solicitarán el asesoramiento de los funcionarios pertinentes del Estado Libre Asociado de Puerto Rico cuando entren en negociaciones para establecer cualquier acuerdo sobre la transportación aérea que pueda afectar el tráfico aéreo hacia o desde el Estado Libre Asociado de Puerto Rico.

SEC. 406. COMERCIO INTERNACIONAL

(a) La Sección 2 de la Ley del 12 de abril de 1900, (48 U.S.C. 739), queda enmendada añadiendo la siguiente subsección:

"1. Hasta el grado que sea consecuente con las obligaciones internacionales de los Estados Unidos, el Estado Libre Asociado de Puerto Rico está autorizado para imponer aranceles sobre los productos de origen extranjero importados a Puerto Rico o transbordados en Puerto Rico. Tales derechos arancelarios serán adicionales a los impuestos generales que se les aplican a los productos importados que entran a través de la aduana de los Estados Unidos".

(b) La Sección 1102 de la Ley Grupal de Comercio y Competencia de 1988, (19 U.S.C. 2902), queda enmendada al añadírsele una nueva subsección (e) como aparece a continuación:

"(e) Durante las negociaciones para establecer cualquier tratado comercial que afecte a Puerto Rico bajo las subsecciones (a), (b) y (c), el Presidente solicitará el asesoramiento del Estado Libre Asociado de Puerto Rico en el proceso de las negociaciones, y consultará con el Gobernador del Estado Libre Asociado de Puerto Rico en cuanto al efecto potencial que podría tener cualquier cambio en la tasa arancelaria sobre la economía de Puerto Rico.

El Gobierno de los Estados Unidos tratará de obtener el tratamiento favorable de los países extranjeros para las exportaciones del Estado Libre Asociado de Puerto Rico y exhortará a otros países para que consideren a Puerto Rico como un área de desarrollo para propósitos de sus respectivos Sistemas Generales de Preferencias Comerciales, y cualquiera otro sistema regional tal de preferencias comerciales".

SEC. 407. PROGRAMAS FEDERALES

Consolidación De Los Programas "Grant-In-Aid"

La Sección 501 de la Ley Pública 95-134 (91 Stat. 1159, 1164) según enmendada, queda adicionalmente enmendada al quitar "Islas Vírgenes", e insertar en su lugar "Islas Vírgenes, Puerto Rico".

SEC. 408. CONSULTAS PARA FUNCIONARIOS DESIGNADOS Y CANDIDATOS A NOMBRAMIENTOS

Al considerar las cualificaciones de las personas que podrían ser nombradas para servir como: Supervisor del

Bosque Nacional del Caribe; Superintendente de Monumentos Históricos de San Juan; Administrador del Departamento de la Vivienda y el Desarrollo Urbano, San Juan; Director de la Oficina para el Caribe de la Agencia de Protección Ambiental; Director de la Administración Federal de Hogares (FHA por sus siglas en inglés), San Juan; Director de Distrito del Servicio de Aduanas de los Estados Unidos; Director de Distrito de la Administración de Pequeños Negocios y Director de Distrito del Servicio de Inmigración y Naturalización; el titular de ese departamento o agencia deberá consultar con el Gobernador u otro funcionario pertinente en Puerto Rico en cuanto a si existen circunstancias o cualificaciones especiales que deben tomarse en consideración al hacerse el nombramiento.

(b) Antes de nominar para que sirva en Puerto Rico a alguna persona cuya nominación tiene que ser confirmada por el Senado de los Estados Unidos, el Presidente deberá consultar con el Gobernador en cuanto a si existe alguna circunstancia o cualificación especial que debe tomarse en consideración para hacer una decisión sobre la nominación. Nada en esta sección requiere o prohibe que se dé a conocer el nombre de la persona bajo consideración para tales puestos y tampoco se entenderá como una limitación en cuanto a la capacidad de los jefes de agencia para nombrar, o del Presidente para nominar algún individuo. Esta subsección no se aplicará con respecto a ninguna posición en las Fuerzas Armadas de los Estados Unidos, la Guardia Costanera y en agencias dedicadas a velar por que se cumplan las leyes.

SEC. 409. REPRESENTACION DE PUERTO RICO EN EL SENADO DE LOS ESTADOS UNIDOS

Para asistir al Gobernador de Puerto Rico en su gestión de comunicarse con el Senado y brindarle asesoramiento sobre aquellos asuntos que podrían presentarse al Senado o a cualquier comité del mismo:

(a) Se establecerá una oficina del Senado que se conocerá como la Oficina del Representante del Estado Libre Asociado de Puerto Rico ante el Senado de los Estados Unidos de América (en adelante mencionado como la "Oficina"). La Oficina será dirigida por una persona seleccionada por el Gobernador de Puerto Rico y nombrada por el Secretario del Senado, y esta persona servirá a gusto del Gobernador y será conocida como el Representante del Estado Libre de Puerto Rico ante el Senado de los Estados Unidos de América en adelante mencionado como el "Representante").

(b) Se ha autorizado que se asigne anualmente la cantidad de $600,000 para salarios y $56,000 para gastos de la Oficina. El Representante designará y fijará la compensación del personal que se considere necesario para realizar los deberes y las funciones de la Oficina. Todos los empleados de la Oficina, incluyendo al Representante, serán tratados como si fueran empleados del Senado con respecto a sus salarios y beneficios de empleo y a sus derechos y privilegios y estarán sujetos a todos los requisitos que también se aplican a los empleados del Senado.

(c) Ni al Representante ni a ninguna otra persona empleada de esa Oficina se le permitirá el privilegio del uso de la palabra ante el Senado.

(d) El Representante de la Oficina estará sujeto a la jurisdicción del Comité de Reglamentos y Administración que determinará qué instalaciones y/o servicios estarán disponibles para esa Oficina.

SEC. 410. PASAPORTES

(a) La siguiente nueva sección se le añadirá al título 22 como la sección 211b:

"Sección 211b. Oficina De Pasaportes De Los Estados Unidos En Puerto Rico

"El Secretario de Estado y el Fiscal General consultarán con el Gobernador de Puerto Rico para determinar qué acciones administrativas pueden tomarse para apresurar el procesamiento de visas y también para apresurar el proceso de consideración de visas cuando el Gobernador solicite una visa para complacer a algún individuo o individuos que hayan sido invitados por el Gobernador para visitar a Puerto Rico.

SEC. 411. VALORES DE LA COMUNIDAD

Las acciones mencionadas en la subsección (b) estarán exentas de las leyes antimonopolísticas de los Estados Unidos.

(a) Definiciones –

(1) "leyes antimonopolísticas" tiene el significado que se le da a tal término en la primera sección de la Ley Clayton (13 U.S.C. 12) y también incluirá la sección 5 de la Ley de la Comisión Federal de Comercio (FTC por sus siglas en inglés)(15 U.S.C. 45);

(2) "persona en la industria de la televisión" significa una empresa televisiva, cualquier entidad que produce programación para la distribución por medio de la televisión, incluyendo películas de cine, la "National Cable Television Association", la "Association of Independent Television Stations, Inc.", la "National Association of Broadcasters", la "Motion Picture Association of America" y cada una de las organizaciones afiliadas a las cadenas televisivas, y los operadores de las estaciones de televisión y de las estaciones de cable televisión con licencia para operar en Puerto Rico y también incluirá cualquier individuo que actúa en nombre de tal persona; y

(3) "transmisión" significa cualquier programa transmitido por una estación televisiva o por una estación de cable televisión.

(b) Las leyes antimonopolísticas no se aplicarán a ninguna discusión conjunta, o consideración, revisión, acción o acuerdo por o entre personas en la industria de la televisión con el propósito de, y limitado a, desarrollar y diseminar pautas voluntarias diseñadas para: (1) mitigar el efecto negativo de la violencia en el material teletransmitido, (2) mitigar el efecto negativo del uso ilegal de las drogas en el material teletransmitido, (3) mitigar el efecto negativo de material sexualmente explícito en el material teletransmitido, y promover la programación local en el Estado Libre Asociado de Puerto Rico.

(c)(1) La exención que provee la sección 2 se aplicará solamente a las actividades que se realizan dentro de los 36 meses seguidos a la fecha en que entra en vigor esta Ley, pero puede extenderse por otro período adicional de 36 meses si así lo declara el Gobernador de Puerto Rico.

SEC. 412. PROPIEDADES FEDERALES

(a)(1) El Presidente rendirá un informe al Congreso para el 15 de marzo de 1990 sobre las ocho propiedades federales que aparecen enumeradas en el párrafo (3) inferior. El informe incluirá una evaluación de la necesidad que pueda tener el Gobierno Federal por cada propiedad, los costos y/o los beneficios que se obtendrían si se dispone de cada propiedad, y los comentarios del Gobierno del Estado Libre Asociado de Puerto Rico en cuanto a cada propiedad.

(2) A menos que el Presidente determine que existe un interés nacional que requiere que el Gobierno Federal continúe siendo el dueño de cada propiedad, entonces él hará los trámites correspondientes para el traspaso de tales propiedades al Estado Libre Asociado de Puerto Rico conforme a tales términos que él determine sean pertinentes con respecto a cada una de las propiedades.

(3) Propiedades identificadas:

    (A) El edificio del Tribunal Federal en el Viejo San Juan;

    (B) La antigua Residencia Naval en la parada 7½;

    (C) Los cuarteles del Fuerte San Gerónimo;

    (D) El edificio de la Aduana en San Juan;

    (E) El edificio de la Aduana en Mayagüez;

    (F) El edificio de la Aduana en Ponce;

    (G) El edificio de la Aduana en Fajardo;

    (H) Instalaciones de la Guardia Costanera en La Puntilla.

La nueva visión norteamericana

Juan M. García Passalacqua

El Informe del Comité de Energía y Recursos Naturales del Senado de los Estados Unidos sobre el S.712 fue publicado en Puerto Rico a partir del 10 de setiembre de 1989. Es un documento de importancia histórica. Su sección inicial de "Antecedentes", leída con cuidado y analizada con detenimiento, revela una situación totalmente nueva en la actitud de los Estados Unidos hacia Puerto Rico. Situación que es imprescindible conocer para poder entrar en una discusión seria sobre al asunto en la Isla. Hay que entender esa nueva visión americana.

Una y otra vez, se adoptan posiciones nuevas, que nunca antes se habían leído en documentos oficiales de los Estados Unidos sobre Puerto Rico. En términos históricos, sin aún celebrarse el plebiscito, el paradigma de nuestra relación con Estados Unidos, ya cambió. Y la discusión pública debe incluir un análisis de ese texto, veamos:

Primero, se reconoce que Puerto Rico pasó a manos de los Estados Unidos con motivo de una invasión. Se abandona la semántica del "cambio de soberanía", o de la "cesión" española. El Senado adopta la teoría de que

Puerto Rico fue obtenido de España en 1898 como botín de guerra. Este reconocimiento por un organismo oficial de los Estados Unidos no tiene precedente en la literatura oficial sobre la relación con la Isla. Implica una determinación de enfrentarse con la verdad histórica y sus implicaciones, como veremos más adelante.

Segundo, se establece que es el Congreso de los Estados Unidos el que tiene la soberanía sobre Puerto Rico y que es ese organismo el que puede "disponer" del territorio, en el ejercicio de sus poderes bajo la cláusula territorial de la Constitución de los Estados Unidos. El Senado no adoptó la teoría de que a partir de 1952 existe un "pacto bilateral" o un "convenio" entre Puerto Rico y los Estados Unidos. Y no hay posibilidad de que la legislación se interprete como si contemplara un disparate como el de la "soberanía compartida". El Senado, queda claro en este informe, se propone o administrar o disponer del territorio.

Tercero, reactivó la teoría judicial contenida en los notorios Casos Insulares, de que, siendo la Isla un "territorio no incorporado", no se suponía que se estuviese moviendo hacia la eventual integración con los demás estados de la Unión. Es decir, rechaza la hipótesis de que la admisión como un estado de la Unión sea un derecho adquirido por los puertorriqueños.

Cuarto, difiere de "los asimilistas en Puerto Rico" que consideraron que la concesión de la ciudadanía en 1917 implicaba la incorporación de facto conducente a la estadidad, y adopta legislativamente la teoría judicial del Tribunal Supremo de los Estados Unidos en 1922 de que "no era así". Ofrece como prueba de ese hecho constitucional el dato de que a partir de 1946, el Congreso ha fijado "topes" para la asignación de fondos de bienestar a Puerto Rico a distinción de los asignados a los estados, rechazando de esta manera la pretensión de "paridad" de los fondos de bienestar para Puerto Rico. Ofrece como razón para esa diferencia discriminatoria en el trato, el que Puerto Rico ha estado económicamente muy "subdesarrollado" en comparación con los estados de la Unión.

Quinto, señala que, a pesar de los programas federales de ayuda, "sigue una sustancial brecha económica" entre el territorio continental y la Isla, donde el ingreso per cápita es menos de la mitad del del estado más pobre: Mississippi.

Sexto, reconoce que la Ley 600 de 1950, fue adoptada únicamente con el propósito de autorizar al pueblo de Puerto Rico a redactar una Constitución, y que fijó las cláusulas de las leyes que forman la base de las relaciones entre Estados Unidos y Puerto Rico.

Séptimo, relata que ese proceso de aprobación de la Constitución entre 1950 y 1952 "no se dio sin oposición", señalando que murieron 27 personas como resultado de "violencia nacionalista" que incluyó un atentado contra el Presidente Harry S. Truman. Este es otro elemento en el Informe en que se reconoce un dato importante que había sido obviado de todos los documentos oficiales norteamericanos hasta el momento. Apunta hacia una consideración del factor de la posibilidad de violencia en toda consideración del asunto del status de Puerto Rico.

Octavo, plantea que la aprobación de una Constitución por un territorio había sido, hasta ese momento, parte integral de la determinación de encaminar a un territorio hacia la estadidad o la Independencia. El adoptar la Ley 600 "en la naturaleza de un pacto", dice el Informe, fue un claro rompimiento con la práctica tradicional.

Noveno, reitera (citando los informes originales de Cámara y Senado de los Estados Unidos) que los procesos de 1950-1952 "no alteraron la relación fundamental de Puerto Rico con el gobierno federal". En particular, señala que los mismos no creaban una forma de estadidad.

Décimo, concluye que dichos procesos en forma alguna excluyen la futura determinación por futuros Congresos, del status político de Puerto Rico. Es decir, rechaza la teoría de que el Estado Libre Asociado fuese permanente.

Undécimo, señala que la Resolución 748 VIII de las Naciones Unidas todo lo que hizo fue autorizar a los Estados Unidos a dejar de transmitir informes anuales a dicha organización, y nada más. Es decir, que no fue un reconocimiento internacional del Estado Libre Asociado.

Duodécimo, señala que el establecimiento del ELA "como un cuerpo político autogobernable" no solucionó el debate del status ni tampoco la Comisión de Status de 1964.

Décimotercero, califica de "desafortunado" el plebiscito de 1967, pues "el pueblo puertorriqueño fue mandado a votar entre tres incertidumbres", ya que todas las alternativas dependían de futura acción del Congreso.

Décimocuarto, reconoce que en el plebiscito de 1967 "la abstención fue sumamente alta".

Décimoquinto, ataca la resolución sobre status del Congreso de 1979 porque no contenía términos precisos y condiciones para las tres fórmulas, de manera que el pueblo pudiese escoger adecuadamente.

Décimosexto, señala como "principio guía" en el actual enfoque adoptado en la consideración del status político de Puerto Rico, el que "un ejercicio de la autodeterminación por Puerto Rico, para que sea significativo, debe tener las alternativas de status definidas con precisión por el Congreso".

Debe parecerle obvio al lector en este momento que el Comité de Energía y Recursos Naturales del Senado de los Estados Unidos, en su Informe oficial, asume posiciones muy claras sobre el status político que han venido esgrimiendo los sectores más ilustrados en Puerto Rico. Ese número de principios fundamentales constituye una nueva visión americana de la relación entre Puerto Rico y Estados Unidos.

Esas mismas posiciones han sido asumidas en el pasado por los sectores de oposición en Puerto Rico. Es incomprensible que éstos sectores de oposición continúen discutiendo la cuestión del status bajo el viejo paradigma, haciendo caso omiso de estos importantes desarrollos nuevos. Si se va a debatir, hay que hacerlo tomando y analizando los nuevos hechos fehacientes, como son. Por esa razón, hemos reseñado aquí esta nueva visión norteamericana de nuestra relación.

El Informe del Comité del Senado pasa entonces a explicar la naturaleza del proceso de negociación y consulta, según se desarrolló en un término crucial de 120 días. Inicialmente, se radicaron tres proyectos el 5 de abril de 1989, se celebraron vistas en Washington el 1 y 2 de junio y en San Juan, del 17 al 19 de junio. Luego se volvieron a celebrar vistas en Washington entre el 11 y el 14 de julio, para escuchar a la administración de George Bush. El 2 de agosto, el Comité recomendó el texto de la legislación. Detalla el Informe los cambios que sufrió el proyecto radicado originalmente durante el proceso.

El Informe establece los **principios** "para guiar la futura consideración" del asunto del status. Esos principios son:

• un campo de juego parejo políticamente para los tres partidos políticos en relación con las alternativas de status;

• una transición suave de modo que cualquier cambio en el status político a la estadidad o a la independencia funcione económicamente;

• el ajuste económico debe ser neutral ("revenue neutral") hasta el grado posible, de manera que no cueste al Tesoro dólares adicionales en un período de tiempo.

Note el lector la enorme importancia de estos tres principios en el contexto del cambio paradigmático que es tema de este libro. Se le concede a las tres alternativas igual grado de atención y ecuanimidad, independientemente de su endoso electoral, honrando la política de "futuros alternos" iniciada con la proclama de Jimmy Carter de 1978. Se garantiza una transición "suave" a la estadidad y a la independencia, facilitando la consideración de ambas alternativas. Y, finalmente, se señala el principio cardinal de toda la iniciativa y de la legislación, la cuestión de limitar el costo de la Isla para los Estados Unidos.

Veamos ahora las enmiendas más importantes producidas como resultado del proceso de consulta y negociación.

La enmienda crucial fue la que eliminó los "por cuantos" de las propuestas de los tres partidos políticos. Estas expresiones introductorias en la definición de cada una de las fórmulas incluían las declaraciones de cada partido sobre el entendido tradicional del contenido de cada fórmula. El Comité entendió que "tales declaraciones no son esenciales para las definiciones de status y pudieran confundir la futura interpretación de la intención legislativa". En otras palabras, fue con esta acción con la que el Congreso borró la concepción histórica de cada fórmula, sustituyendo las mismas con su propia concepción de la autonomía, la estadidad y la independencia. Este es el hecho histórico principal del proceso, al asumir el Congreso la responsabilidad por la nueva definición de cada fórmula.

La propuesta de la **estadidad** sufrió una serie de cambios sustanciales. El Senado rechazó la solicitud del sector anexionista de que el Congreso ayudase al pago de la deuda pública del territorio de Puerto Rico como elemento de transición a la estadidad. Rechazó igualmente dos secciones de la fórmula propuesta por el sector anexionista que hubiesen protegido el español como uno de los idiomas oficiales del Estado de Puerto Rico, calificando de "potencialmente disociador" legislar sobre idioma y cultura. Esta determinación estuvo dirigida a evitar un debate en el hemiciclo del Senado sobre la posibilidad de exigir el inglés como idioma oficial en el estado, tal y como se hizo en los casos de Nuevo Méjico y Arizona, dejando al albedrío de futuros congresos norteamericanos la cuestión del idioma en Puerto Rico.

La cláusula de la propuesta estadista que fue "completamente re-escrita" fue la referente a los "ajustes económicos" requeridos para la concesión de la Estadidad, asunto que se ha convertido en la cuestión crucial de la legislación en el resto del año. El Comité de Energía y Recursos Naturales refirió el asunto al Comité de Finanzas del Senado, por entender que era dicho Comité el que tenía el peritaje ("expertise") necesario para diseñar las medidas económicas de la fórmula de Estadidad, incluyendo los temas de impuestos, comercio y programas sociales de bienestar. Esas determinaciones se harían en los primeros meses del 1990.

La fórmula de **independencia** sufrió menos cambios que las otras dos fórmulas propuestas. El Informe así lo señala, excepto por las cláusulas referentes a migración, defensa y transición económica.

El Comité garantizó la ciudadanía norteamericana a los nacidos en Puerto Rico hasta la fecha de la votación en favor de la Independencia, pero eliminó dicha ciudadanía para los nacidos después de esa fecha, aun de padres que fuesen ciudadanos. También protegió el derecho de los nacidos en Puerto Rico para entrar a los Estados Unidos por 25 años después de la independencia, para propósitos de empleo.

En cuanto a la defensa, el Comité requirió que se negocien arreglos específicos sobre el uso de las bases militares norteamericanas en Puerto Rico y de ayuda económica, para que entren en vigor **simultáneamente** con la declaración de Independencia. Las secciones de defensa y ayuda económica se definen como una unidad a negociarse y aprobarse juntas por un Comité de Transición, entre la votación a favor de esa fórmula y la proclamación de la misma, haciéndola efectiva.

La fórmula de la **autonomía** sufrió la mayor cantidad de cambios. En una alteración clave a la propuesta local, se enmendó la definición de la fórmula de Estado Libre

Asociado para subrayar que la misma "mantenga la relación fundamental que existe actualmente". Ello se define en términos de que "Puerto Rico sigue bajo la soberanía de Estados Unidos", aclarando que la Isla no sería incorporada a los Estados Unidos, es decir, no se encaminaría hacia la estadidad.

El procedimiento originalmente propuesto para mejorar ("enhance") al ELA se alteró sustancialmente. En vez de autorizar un veto local a la legislación federal, se requirió la promulgación de una resolución del Congreso a solicitud de la Asamblea Legislativa de Puerto Rico, para poder hacer una ley federal inaplicable a Puerto Rico. Así también se modificó la propuesta de inaplicabilidad de reglamentación federal para dejar la determinación en manos del Tribunal Federal, luego de una solicitud del Gobernador de Puerto Rico y una respuesta de la agencia federal concernida. Estos fueron los dos únicos cambios sustantivos a la relación actual entre Puerto Rico y los Estados Unidos aprobados en el proyecto.

Otra enmienda clave rechazó la solicitud del sector autonomista local de que se concediese "paridad" a Puerto Rico en todos los programas de bienestar social de los Estados Unidos. Esta propuesta fue eliminada, refiriendo el asunto al Comité de Finanzas del Senado y al de Medios y Arbitrios de la Cámara de los Estados Unidos, que considerarán el asunto en 1990.

Se rechazó igualmente la creación de una Oficina de Representante de Puerto Rico en el Senado de los Estados Unidos y se sustituyó por una "oficina de contacto" a nivel de las comisiones senatoriales, luego de la votación más cerrada en la consideración del proyecto.

Otras cláusulas de la propuesta autonomista referentes a aviación, pasaportes, visas, televisión, acuerdos internacionales y propiedades federales, fueron modificadas sustancialmente y el Comité anunció en su Informe que "no están directamente relacionadas con el status de Puerto

Rico" y que podrían considerarse "independientemente de cualquier legislación sobre el status", con el propósito de no demorar el proyecto.

Estos son, en resumen apretado, los cambios principales que sufrieron las propuestas de los tres sectores ideológicos puertorriqueños luego de finalizada la primera etapa del proceso de negociación y consulta en el Senado de los Estados Unidos durante el año de 1989. Un examen del texto del Informe evidenciará la enorme importancia de estos cambios y las implicaciones que los mismos tienen para el futuro del debate político sobre el status en Puerto Rico. El Informe se incluye a continuación.

El Informe Johnston

Ley para referéndum sobre el status de Puerto Rico

El Sr. Johnston, del Comité de Energía y Recursos Naturales, somete el siguiente informe para acompañar el S 712 conjuntamente con los puntos de vista de la minoría.

El Comité de Energía y Recursos Naturales, al cual se refirió la medida S 712 para proveer un referéndum sobre el status político de Puerto Rico, habiendo considerado el mismo, informa favorablemente sobre este con una enmienda y recomienda que el proyecto, como ha sido enmendado, sea aprobado.

La enmienda es como sigue:

PROPOSITO:

El propósito del proyecto S 712 es proveer para el ejercicio de la autodeterminación por el pueblo de Puerto Rico mediante un referéndum sobre el futuro status político de la Isla. El Título I fija el marco legal y el momento oportuno para el referéndum. Los títulos II, III y IV fijan las definiciones detalladas de las tres alternativas respectivas del status: estadidad, independencia y estado libre asociado. La alternativa que reciba una mayoría de votos en el referéndum será implantada de acuerdo con el título apropiado del S 712.

ANTECEDENTES:

Puerto Rico se compone de varias islas en el Caribe localizadas como a mil millas al sudeste de Florida. La isla principal mide aproximadamente 110 millas de largo (este a oeste) y 35 millas de ancho (norte a sur) dándole un área total terrestre de casi la mitad de la del estado de Massachusetts. La población se estima en 3.5 millones, haciendo de Puerto Rico más poblado que 27 de los estados. Además, hay cerca de 2.3 millones de ascendencia puertorriqueña que residen en el territorio continental estadounidense.

La identidad cultural moderna de Puerto Rico se desarrolló en el siglo XIX cuando un gran flujo de españoles que huía de las revoluciones tanto en España como en sus colonias en América, logró el dominio sobre los habitantes negros e indios en la Isla. La conciencia política y el activismo de estos nuevos inmigrantes resultaron en la formación de partidos políticos locales para adelantar sus intereses en una mayor participación política bajo el gobernador español designado. Un grupo, los asimilistas, buscó la plena integración con España mientras el objetivo del grupo rival, los autonomistas, era obtener el máximo autogobierno local. La lucha por un mayor autogobierno local condujo a una infructuosa rebelión en 1868 y, finalmente en 1897, a la estipulación de la Carta Autonómica con la corona española. El desarrollo político bajo dicha Carta fue detenido, sin embargo, cuando Estados Unidos invadió Cuba, Filipinas, Guam y Puerto Rico con el brote de la Guerra Hispanoamericana en 1898, y logró la soberanía sobre estas áreas, excepto Cuba, conforme al Tratado de París. Puerto Rico, por consiguiente, cayó bajo la soberanía de Estados Unidos sujeto a la autoridad del Congreso bajo la cláusula territorial de la Constitución (Artículo IV,Sección 3) que concede al Congreso autoridad para "disponer y redactar todas las Reglas y Reglamentos necesarios con respecto al territorio.... perteneciente a Estados Unidos".

Históricamente, la administración de los territorios había seguido la política establecida por la Ordenanza del Noroeste de 1787 bajo la cual los territorios fueron organizados y preparados para una eventual estadidad. La adquisición de Puerto Rico, Filipinas y Guam, como resultado de la Guerra Hispanoamericana, y la adquisición de Hawaii y Samoa oriental durante el mismo periodo, presentó a Estados Unidos dos issues de política fundamentales: ¿debe la Constitución aplicarse plenamente en estos territorios y deben desarrollarse con la estadidad como objetivo?

Los Casos Insulares, una serie de opiniones del Tribunal Supremo emitidas a principios del siglo XX, sostuvieron que el Congreso tenía autoridad plenaria sobre los territorios y podía limitar la aplicación de la Constitución. Más aún, el tribunal estableció el concepto de "territorio no incorporado" que, a diferencia del "territorio incorporado", no se suponía se estuviera moviendo hacia una eventual integración en la Unión como los nuevos estados. La incorporación se sostuvo como una promesa de eventual estadidad y se refería a los estados incorporados como "estados incipientes". Por otro lado, el Tribunal sostuvo también que había un límite en la autoridad congresional para infringir los derechos fundamentales de los habitantes de los territorios. A través de los años, los tribunales han expandido la definición de "derechos fundamentales" para incluir esencialmente todas las cláusulas de la Carta de Derechos.

El "status" territorial de las Filipinas fue resuelto por la Ley Tydings-McDuffie que resultó en la independencia, y el de Hawaii por la incorporación y subsiguiente estadi-

dad. Hawaii es el único estado que estuvo "no incorporado" por un breve periodo de tiempo. Aunque los tribunales han mostrado una considerable inquietud sobre los
Casos Insulares, el implícito principio de que sólo se
aplican las cláusulas fundamentales de la Constitución,
carente de acción congresional, fue reafirmado en Islas
Marianas del Norte versus Atalia, 723 F. 2d 682 (9no.
Circuito 1984) con respecto al derecho de juicio por jurado
(también vea King versus Adrus, 452 F. Supp. 11 (D.D. C.
1977) requiriendo jurados en Samoa Americana).

La Ley Foraker de 1900 estableció un gobierno en
Puerto Rico con un Gobernador nombrado por el presidente; una Legislatura bicameral compuesta por un
Consejo Ejecutivo, con una mayoría nombrada por
Estados Unidos, y una Cámara de Delegados elegida
localmente, y un Comisionado Residente como representante sin voto ante el Congreso de Estados Unidos.

La Ley Jones de 1917 proveyó a Puerto Rico una Carta
de Derechos, la concesión de la ciudadanía, y un Senado
localmente elegido reemplazando al Consejo Ejecutivo. El
Gobernador, el Secretario de Justicia, el Contralor y el
Secretario de Educación, siguieron siendo nombrados por
el Presidente.

Los asimilistas en Puerto Rico, y algunos miembros
del Congreso, consideraron el otorgamiento de la ciudadanía bajo esta ley como la incorporación de facto
conducente a la estadidad. No obstante, en 1922 el
Tribunal Supremo decretó que no era así, y el Congreso
siguió tratando a los ciudadanos norteamericanos en
Puerto Rico en forma diferente a los ciudadanos que
vivían en los estados y territorios incorporados. Por
ejemplo, en 1946 y bajo la Ley Nacional de Almuerzos
Escolares, el Congreso inició la práctica de establecer
"topes" para limitar la asignación de fondos a los territorios no incorporados en ciertos programas federales.

Económicamente, Puerto Rico estaba muy subdesarrollado y duramente afectado por la depresión de los años treinta. La Operación Manos a la Obra fue el nombre del programa económico desarollado en los años 40 para responder a estas condiciones y rehacer la economía de Puerto Rico a través de la industrialización. Los resultados del programa fueron espectaculares – una tasa de crecimiento ajustada sostenida del más del 5% anual de 1947 a 1974. No obstante, sigue una sustancial brecha económica entre el territorio continental y Puerto Rico; el ingreso per cápita en Puerto Rico es de sólo aproximadamente la mitad del del estado más pobre, Mississippi.

Luis Muñoz Marín, decisivo participante en el programa de industrialización, y fundador del Partido Popular Democrático, se convirtió en el primer Gobernador elegido localmente bajo la Ley de Gobernador Electivo de 1947. Luego de su abrumadora victoria electoral, el gobernador Muñoz se dio a la tarea de establecer el gobierno local bajo una constitución igualmente local.

La Ley Pública 600, promulgada en 1950, autorizó la redacción de una Constitución local, a ser ratificada en una votación por el pueblo puertorriqueño, y fijó las cláusulas de las leyes que forman la base de las relaciones entre Estados Unidos y Puerto Rico. Estas se conocen colectivamente como Ley de Relaciones Federales. Previamente a la votación final, el Congreso enmendó el bosquejo de la Constitución y requirió que se acordaran también las enmiendas. La Constitución fue aprobada en una votación declárandose el Estado Libre Asociado el 25 de julio de 1952. No obstante el proceso no se dio sin oposición, murieron 27 personas en la violencia nacionalista y se intentó asesinar al entonces Presidente Truman.

Esta concesión de autogobierno, según una constitución desarrollada localmente, fue única en la historia de la administración territorial. Históricamente, la aprobación de una constitución local había sido parte integral de la resolución de status territorial a través de la estadidad o la independencia. De hecho, a Filipinas nunca le dieron la oportunidad de votar directamente sobre su status; la aprobación de una constitución local condujo directamente a la independencia. El Congreso reconoció que proveyendo para el autogobierno, estaba dando al gobierno insular el mismo grado de autonomía interna sobre asuntos de interés puramente local que la Constitución de Estados Unidos garantiza a los estados. La Ley Pública 600 proveyó, en un lenguaje similar al de la Ordenanza del Noroeste, que "reconociendo plenamente el principio de un gobierno por consentimiento, esta ley se adopta ahora en la naturaleza de un pacto de modo que el pueblo de Puerto Rico pueda organizar un gobierno según una constitución de su propia adopción". Este enfoque fue un claro rompimiento de la práctica tradicional en la que el autogobierno local era ejercido por el Congreso según la legislación orgánica. El Congreso fue explícito, sin embargo, al señalar que la legislación de autorización fue diseñada exclusivamente para establecer el autogobierno local y al permitir a Puerto Rico ejercer esos aspectos de soberanía asociados con asuntos de interés local que no alteraran la relación fundamental de Puerto Rico con el gobierno federal.

"La medida no cambiará las relaciones políticas, sociales y económicas fundamentales con Estados Unidos. Esas secciones de la Ley Orgánica de Puerto Rico relacionadas con tales asuntos como la aplicación de las leyes federales, aduanas, ingresos internos, jurisdicción judicial federal en Puerto Rico, representación en el Congreso de Estados Unidos por un Comisionado Residente, etcétera, seguirán en toda su fuerza y efectos. Al promulgarse la S 3336, estas restantes secciones de la Ley Orgánica serán conocidas como Ley Puertorriqueña de Relaciones Federales.

"Las secciones de la Ley Orgánica que la Sección 5

de esta medida eliminarán, están relacionadas primordialmente con la organización de las ramas ejecutiva, legislativa y judicial insulares del gobierno de Puerto Rico y otros asuntos de interés puramente local" (S Rept. 81-1779, p. 3-4).

Este lenguaje se repitió casi al pie de la letra en el Informe de la Cámara (H. Rept. 81-2275, p. 3), y ambos informes señalaron explícitamente: el S. 3336 no es un proyecto de estadidad. Tampoco es un proyecto de independencia. No compromete al Congreso, expresamente o por implicación, a tomar acción alguna con respecto a una u otra [de las opciones]. En ninguna forma excluye la determinación por futuros congresos del status político de Puerto Rico" (S. Rept. 81-17799, p. 4, cf. H. Rept. 81-2275, pp. 3-4).

El establecimiento de un autogobierno local en Puerto Rico condujo a la Resolución 748 VIII de las Naciones Unidas en 1953 reconociendo que Puerto Rico ya no sería considerado como sujeto a la declaración relacionada con los territorios no *autogobernables* y que Estados Unidos podía dejar de transmitir informes anuales. Informes similares con respecto a Alaska y Hawaii fueron suspendidos cuando dichos territorios se convirtieron en estados. Estados Unidos sigue informando sobre las Islas Vírgenes, Samoa Americana y Guam.

El establecimiento del Estado Libre Asociado como un cuerpo político autogobernable no solucionó el debate del status ni para los que apoyan la independencia ni para los estadistas, ni para los que apoyan poderes adicionales para el ELA. En 1964 se estableció una comisión bilateral para examinar los factores que afectan el status del ELA.

La Comisión del Status de Puerto Rico de 1964 concluyó "que todas las tres formas de status político – Estado Libre Asociado, Estadidad e Independencia – son válidas y confieren al pueblo de Puerto Rico igualdad de dignidad..." (p.6). Además, la Comisión concluyó que cualquier "cambio abrupto en el status político envolvería serios riesgos y dislocaciones económicas" y señaló la necesidad de planes de transición si el pueblo puertorriqueño quería la estadidad o la independencia (p.7). Finalmente, la comisión concluyó que un voto sobre la preferencia del status sería de utilidad y recomendó el establecimiento de grupos asesores *ad hoc* para considerar proposiciones específicas sobre el status luego de una votación.

El Gobernador Muñoz Marín ejerció presión para un referéndum y la oportunidad de "perfeccionar" el Estado Libre Asociado. Los independentistas rechazaron el voto como prejuiciado, a menos que Estados Unidos transfiriera la soberanía de antemano. Los estadistas se dividieron. Una facción, encabezada por (Miguel A.) García Méndez, rechazó la recomendación de la comisión por un voto, alegando que el Estado Libre Asociado no podía ser "perfeccionado" como un status permanente, y un voto legitimaría esa proposición. Una facción rival, presidida por Luis Ferré, prometió trabajar de buena fe para lograr una mayoría de la estadidad en la votación, no obstante su rechazo de un Estado Libre Asociado perfeccionado.

El referéndum de 1967 fue para seleccionar entre el Estado Libre Asociado "perfeccionado", la estadidad o la independencia, y la oportunidad para acercarse al Congreso con la legislación necesaria para implantar el nuevo status. Desafortunadamente el pueblo puertorriqueño fue mandado a votar sobre tres incertidumbres, porque todas las alternativas dependían de una futura acción del Congreso. La abstención fue sumamente alta en el referéndum en el cual el Estado Libre Asociado recibió el 60% de los votos. Los estadistas de Ferré obtuvieron únicamente el 40%. El voto fue una victoria para el partido del ELA. Pero, después de la división en el partido pro-estadidad, Ferré fundó el Partido Nuevo Progresista (PNP) y ganó la gobernación, y una leve mayoría en la Cámara baja. Como resultado de esta victoria estadista, no ocurrió el establecimiento del anticipado comité *ad hoc* sobre el Estado Libre Asociado perfeccionado.

El comité *ad hoc* se estableció finalmente luego del retorno al poder del partido del ELA en 1972 bajo Rafael Hernández Colón. El comité redactó un "nuevo pacto de asociación" con Estados Unidos. Las proposiciones del comité sobre el "nuevo pacto" tuvieron la intención de "consolidar y mejorar" las relaciones entre Estados Unidos y Puerto Rico. Continuaría la responsabilidad de Estados Unidos por las relaciones internacionales y la defensa, pero Puerto Rico obtendría el control de la inmigración, salarios y regulación ambiental. Puerto Rico también ganaría representación en el Senado Federal, y un veto especial sobre la aplicación de la ley federal. Aunque se introdujo una legislación en el Congreso para implantar las recomendaciones del comité, se tomó muy poca acción más allá de las vistas iniciales. Cuando el partido proestadista, ahora bajo el liderazgo de Carlos Romero Barceló, ganó las elecciones en 1976, concluyeron los esfuerzos adicionales para considerar el informe del comité *ad hoc*.

En 1976 el entonces presidente Ford declaró su preferencia por la estadidad y sometió una ley al respecto al Congreso. Sin embargo, esta medida, y la legislación sobre el "nuevo pacto" introducida anteriormente, fracasaron ambas con el receso del Congreso. Los estadistas planificaban adelantar su causa con un referéndum sobre el status que seguiría a la fuerte victoria que esperaban en 1980. Sin embargo el margen de la victoria del gobernador Romero Barceló fue muy estrecho como para apoyar tal referéndum. En 1984 Hernández Colón y el partido del ELA volvieron al poder.

En 1979, en respuesta a los continuos esfuerzos por Cuba para llevar el caso de las relaciones de Puerto Rico con Estados Unidos ante las Naciones Unidas, el Senado (federal) aprobó una resolución, S. Con, Res.35, reafirmando el derecho de Puerto Rico a la autodeterminación. En una declaración dada durante la consideración de esta resolución en el hemiciclo, el senador Johnston destacó una preocupación que se ha convertido en principio guía en el actual enfoque adoptado en la consideración del status político de Puerto Rico; que un ejercicio de la autodeterminación por Puerto Rico, para que sea significativo, debe tener las alternativas de status definidas con precisión por el Congreso.

Creo sinceramente que... debemos desarrollar los términos precisos y condiciones para la Estadidad, Independencia y el Estado Libre Asociado con todas sus implicaciones sociales, económicas y culturales, y exponer esas alternativas ante el Congreso. Una vez el Congreso haya indicado los términos precisos o parámetros para la consideración de cada status, entonces el pueblo puertorriqueño puede votar con plena seguridad de que su voto será implantado por el Congreso. (p. S.22290, Cong. Record August 2, 1979).

Luego de la reelección del gobernador Hernández Colón en el 1988, los tres líderes de los partidos: Hernández Colón, Baltasar Corrada del Río (estadidad), y Rubén Berríos Martínez (independencia), enviaron una carta al Presidente y al Congreso solicitando que el pueblo de Puerto Rico sea "consultado" sobre su preferencia para el futuro status político. Inmediatamente después de transmitirse esta solicitud, Carlos Romero Barceló asumió el liderato del partido pro-estadidad y refirmó el compromiso del PNP hacia el desarrollo de un proceso de consulta.

HISTORIA LEGISLATIVA DEL PROCESO

El 15 de abril de 1989, los senadores Johnston y McClure introdujeron tres medidas, S. 710, S. 711 y S. 712, cada una de las cuales proveería para un referéndum sobre el status político para Puerto Rico. Estas medidas varían en su nivel de detalle, reflejando la incertidumbre relacionada con el nivel de especificación que el Congreso pudiera lograr en su consideración de las definiciones. La S. 710 define las alternativas de status en muy pocas palabras: S. 711 las define en términos generales y en muy pocas páginas y la S. 712 las define con todo lujo de detalles, incluyendo las cláusulas de transición e implantación.

Los tres partidos prefieren firmemente el enfoque en la S. 712 que fija las alternativas de status con suficientes detalles en cuanto a proveer para la autoimplantación del status que reciba una mayoría de los votos. Este enfoque evitaría cualquier indecisión en cuanto a detalles específicos de cada una de las alternativas de status, y también proveería la seguridad de que el status que reciba una mayoría de votos será implantado.

El Comité de Energía y Recursos Humanos celebró vistas sobre estas medidas en Washington, D.C., el 1ro. y 2 de junio para examinar las definiciones iniciales de las tres alternativas de status como fueran propuestas por los respectivos partidos políticos de Puerto Rico. Los días 16, 17 y 19 de junio se llevó a cabo una segunda ronda de vistas (en San Juan) para obtener una gama de puntos de vista que cubriera más allá de las posiciones de los tres partidos políticos principales. Finalmente, volvieron las vistas a Washington, D.C., los días 11, 13 y 14 de julio para obtener los puntos de vista de la administración y de otros testigos fuera de Puerto Rico. El comité consideró la legislación durante cuatro días de reuniones de trabajo el 26 y 27 de julio y el 1ro. y 2 de agosto. La S.712 se catalogó como favorablemente informada por el comité en pleno en una reunión de trabajo a puertas abiertas el 2 de agosto de 1989.

RECOMENDACION DEL COMITE Y TABULACION DE VOTOS

El Comité Senatorial de Energía y Recursos Naturales, en una reunión de trabajo el 2 de agosto de 1989, consideró la S. 712, y por votación de once Sí y ocho No de un quórum presente, recomienda que el Senado apruebe la S. 712, si es enmendada como se describe aquí.

La votación por lista sobre el informe de la medida fue como sigue:

A favor
> Senadores Johnston, Bumpers, Metzenbaum*, Bradley, Bingaman*, Wirth, McClure, Hatfield*, Domenici, Murkowski, Garn*.

En contra
> Senadores: Ford, Conrad, Heflin, Rockefeller, Wallop, Nickles, Burns, McConnell*

ENMIENDA DEL COMITE

Durante la consideración de la S.712, el comité adoptó una enmienda en carácter de sustitutiva. La enmienda modificaría sustancialmente las cláusulas del Título I relacionadas con el proceso de celebrar el referéndum, y las definiciones de las alternativas de status según propuestas por los tres partidos políticos principales en los títulos II, III y IV. Sigue una breve discusión de las cláusulas de la sustitución y cómo difieren de la anterior versión de la medida. Información más detallada sobre cada una de las cláusulas de la sustitución aparece en la porción Análisis Sección por Sección de este informe.

---

*Indica que votaron por poder [proxy].

CLAUSULAS IMPORTANTES DEL
SUSTITUTIVO DEL COMITE
TITULO I – PROCEDIMIENTOS
DEL REFERENDUM

La enmienda incluye varias modificaciones significativas al Título I:

Primero, la enmienda titula la S.712 Ley de Referéndum Sobre Status de Puerto Rico y fija el lenguaje que aparecerá en la papeleta del referéndum. Estos cambios aclaran que las alternativas de status por las cuales se va a votar serán como aparecen en los títulos II, III y IV de la ley. Esta aclaración evita el problema de tener que redactar en la papeleta un resumen de alternativas.

Segundo, aunque la enmienda no cambia las cláusulas de la medida que establecen la aplicabilidad de las leyes eleccionarias locales al referéndum, congelaría esas leyes eleccionarias hasta el 15 de julio de 1989. Este cambio se hizo en respuesta a la preocupación de que las leyes eleccionarias locales pudieran ser modificadas antes de la elección, particularmente en el área de calificación de electores, en un esfuerzo por afectar los resultados del referéndum. Aunque no hubo evidencia presentada al comité de que se contemplaban tales modificaciones, esta cláusula elimina una cuestión potencialmente divisiva.

Tercero, la enmienda requiere al Secretario de Justicia de Estados Unidos que provea una adecuada supervisión del referéndum por alguaciles federales. Aunque no se presentó evidencia al comité de que las votaciones en Puerto Rico no se lleven a cabo en una forma abierta y justa, el comité cree que los intereses federales en el referéndum son tan sustanciales que se justifica tal presencia federal. El comité no incluyó una cláusula para la supervisión internacional del referéndum porque el status político de Puerto Rico es un asunto interno de Estados Unidos.

Sin embargo, el comité no tiene objeción en que haya personas que observen el referéndum si lo desean.

Cuarto, la enmienda establece procedimientos para la revisión judicial federal de las disputas legales o controversias que surjan del referéndum. Los procedimientos proveen que cualquier persona agraviada pueda iniciar una acción para impugnar los resultados del referéndum basándose en irregularidades ocurridas que hayan sido lo suficientemente significativas como para afectar el resultado. Estos procedimientos de revisión serán adicionales a los procedimientos de revisión judicial local originalmente provistos en la S.712 y fueron incluidos en respuesta a las alegaciones de que los procedimientos de revisión locales no están suficientemente aislados de la influencia política local como para asegurar un juicio imparcial, o evitar un tranque en la revisión de disputas. Aunque el comité no encontró nada relacionado con la validez de estas alegaciones, fue el parecer del comité que con estos procedimientos se recalcaría la credibilidad de que el referéndum sería justo y neutral.

Finalmente, la enmienda incluye una nueva subsección que provee que habrá un Funcionario de Información Sobre el Referéndum que será responsable de la traducción y distribución de información y material educacional sobre el referéndum. El comité opinó que tal funcionario federal será responsable de la traducción, resumen y distribución de información sobre el referéndum, particularmente información sobre las definiciones de los status, lo que aumentaría el entendimiento público de las definiciones y por consiguiente mejoraría la validez de la votación.

TITULO II – ESTADIDAD

En el sustitutivo, hay varias modificaciones significativas al Título II.

Primero, la sección inicial del título que contiene las exposiciones, o las llamadas cláusulas "por cuanto", fue eliminada. Estos "por cuanto" fueron eliminados de cada uno de los últimos tres títulos de la medida debido a la opinión del comité de que tales declaraciones no son esenciales para las definiciones de status y pudieran confundir la futura interpretación de la intención legislativa.

Segundo, la cláusula de la S.712 según fuera introducida para conceder al nuevo estado el derecho exclusivo a los recursos existentes en la Zona Económica Exclusiva de 200 millas, no está incluida en el texto sustitutivo.

Tercero, el texto sustituto no contiene la cláusula, Sección 6(d) en la anterior versión, mediante la cual se hubiese hecho pagos a Puerto Rico para ayudar al Estado en el pago de su deuda pública.

Cuarto, la enmienda aclara que luego de la admisión a la Unión, el nuevo Estado de Puerto Rico tendrá derecho a los representantes adicionales en la Cámara de Representantes de Estados Unidos que le correspondan según el censo de 1990, y que el número de miembros en la Cámara sería aumentado permanentemente a más de 435 para dar cabida a los representantes adicionales de Puerto Rico.

Quinto, la sección Ajuste Económico del Título II ha sido completamente reescrita en respuesta a información adicional disponible relacionada con la potencial aplicación de impuestos y programas federales en un nuevo Estado de Puerto Rico. El lenguaje del texto sustitutivo continúa concibiéndose de tal manera que se provea una transición económica suave y justa para el nuevo estado con un mínimo de dislocación económica. El comité, sin embargo, está preocupado con relación a la información sobre la cual se basa esta sección de ajuste económico. El comité reconoce que el Comité de Finanzas, que tiene jurisdicción sobre impuestos, comercio y muchos de los programas sociales relacionados con esta sección, tendrá la oportunidad de considerar esta sección y hacer recomendaciones a base de información más adecuada y de una mayor experiencia y conocimientos.

El objetivo del comité al recomendar esta sección de ajuste económico, es establecer principios para guiar una futura consideración. Estos principios incluyen, primero: que tiene que haber un campo de juego parejo, políticamente, entre los tres partidos políticos con relación a las alternativas de status; segundo, que tiene que haber una transición suave de modo que cualquier cambio en el status político, a la estadidad o la independencia, funcione económicamente; y tercero, el ajuste económico debe lograr un equilibrio de ingresos en la medida que le sea posible, de manera que no le cueste al Tesoro dólares adicionales en un periodo de tiempo.

Es la intención del comité que estos tres principios estén incluidos en cualquier legislación final. Es la intención que el referéndum sea decidido a base de que la cuestión esencial es saber si el pueblo quiere el Estado Libre Asociado, la estadidad o la independencia.

Se expresaron preocupaciones concretas sobre si el comité había logrado un campo de juego parejo. En particular, se suscitaron preocupaciones de que existe una inclinación hacia la estadidad porque hay un número de programas (cupones de alimentos, Medicaid, AFDD) en los cuales, a partir del 1ro. de enero de 1992, sería eliminado el existente "tope" federal y así los recipientes de los beneficios de estos programas podrían verse estimulados a votar por la estadidad. Sin embargo, el comité cree que no podrá responder a estas preocupaciones porque el comité no tenía información adecuada relacionada con aumentos a estos beneficios bajo la estadidad, ni información adecuada sobre el número de electores en cuestión. Más importante aún, por otro lado, es que, al crear las cláusulas económicas bajo la estadidad, el comité ha buscado respetar los imperativos constitucionales de igual trato permitiendo sólo aquellas demoras que el comité cree son absolutamente requeridas por las debidas razones administrativas. La acción del comité no debe interpretarse como un endoso al actual trato a Puerto Rico, sino simplemente un reconocimiento de que tal trato no sería constitucionalmente permisible bajo la estadidad.

El comité no incluye lenguaje en esta sección que autorice explícitamente a Puerto Rico a continuar aplicando tarifas al café importado. La Oficina del Representante Comercial de Estados Unidos declaró que no se necesita un lenguaje estatutario para autorizar la continuación de tales tarifas, y nada en este título tiene la intención de alterar que Puerto Rico siga aplicando tarifas al café importado de fuera de Estados Unidos.

Finalmente, la enmienda elimina las dos secciones concluyentes del Título II, tal como habían sido introducidas, relativas al lenguaje y la cultura en el nuevo estado. El comité cree que Puerto Rico y el gobierno federal han logrado un balance y una relación conveniente en estas áreas y es innecesario, y potencialmente disociador, intentar legislar en estas áreas.

TITULO III – INDEPENDENCIA

En general, el Título III del texto sustitutivo del comité provee, de obtener la independencia una mayoría en el referéndum, que se iniciará de inmediato un proceso que culminará finalmente en la independencia. La cláusula territorial de la Constitución provee al Congreso la autoridad para conceder la independencia a Puerto Rico a través de la progresiva retirada de la autoridad federal, comenzando con la transferencia de aquellos aspectos de soberanía necesarios para que el naciente estado de Puerto Rico desarrolle su constitución, terminando en una proclamación de la independencia. Un periodo de transición de aproximadamente dos años permitirá a Puerto Rico instalar un gobierno, y negociar los acuerdos necesarios que rijan las relaciones entre Estados Unidos y Puerto Rico luego de la independencia.

Excepto por la eliminación de los por cuanto, las primeras secciones del Título III relacionadas con los procedimientos para el establecimiento de la República de Puerto Rico pasan esencialmente inalteradas al texto sustitutivo del comité. Sin embargo, las cláusulas sobre la ciudadanía y la migración, la defensa y la transición económica, han sido significativamente modificadas.

Primero, sobre ciudadanía y migración, el comité cree que las cláusulas para la doble ciudadanía entre Estados Unidos y la República de Puerto Rico, y para una inmigración libre por 25 años, como aparece propuesto en la anterior versión de la S.712, serían inconsecuentes con la relación entre naciones independientes. El sustitutivo, sin embargo, reconoce la particular relación entre Estados Unidos y Puerto Rico al proveer que la independencia no tendría impacto en la ciudadanía para los ciudadanos estadounidenses nacidos en Puerto Rico antes de la certificación de un voto mayoritario por la independencia en el referéndum. Sin embargo, el sustitutivo limitaría la ciudadanía de personas nacidas en Puerto Rico de padres ciudadanos de Estados de Estados Unidos luego de la certificación, eliminando o modificando las cláusulas de la Ley Jones y la Ley de Inmigración y Naturalización, que declaran a Puerto Rico parte de Estados Unidos para propósitos de extender la ciudadanía a personas nacidas en Puerto Rico. Además, la enmienda provee que toda persona que no sea ciudadana de Estados Unidos y adopte la ciudadanía de la República de Puerto Rico al proclamarse la independencia, o es un ciudadano naturalizado de la República que ha estado residiendo en Puerto Rico por no menos de cinco años, podría, luego de proclamarse la independencia, entrar a Estados Unidos para ciertos propósitos por un periodo de 25 años.

Segundo, fue el parecer del comité que la anterior formulación del Título III no respondía adecuadamente a las necesidades de defensa de Estados Unidos en Puerto Rico, particularmente a la luz de un sustancial número de ciudadanos de Estados Unidos que continuarían residiendo en Puerto Rico luego de la independencia, y a quienes Estados Unidos se vería obligado a proteger. En conformidad, el sustitutivo requiere que se negocien arreglos específicos para el uso de bases militares y cumplir con los intereses de defensa de Estados Unidos, y que entren en vigor simultáneamente con la proclamación de la independencia.

Tercero, el texto sustitutivo fija también, en términos generales, los acuerdos a negociarse entre Estados Unidos y Puerto Rico para efectuar una transición suave y justa para la nueva república con un mínimo de dislocación económica, y promover el desarrollo de una economía viable en la nueva república. Al igual que las cláusulas para la transición económica recomendadas en el Título I, el comité reconoce las limitaciones de la información actualmente disponible en estas cuestiones económicas y reconoce que habrá más consideración de éstas. Es la intención del comité que estas recomendaciones provean guía para una mayor consideración y que los tres principios discutidos previamente: un campo de juego nivelado entre las alternativas, una transición suave a cualquier nuevo status y un equilibrio de ingresos, sean aplicados a todas las cláusulas de transición económica.

TITULO IV – ESTADO LIBRE ASOCIADO

Varias de las cláusulas del Título IV de la S.712 según fuera introducida, han sido modificadas para proveer lo siguiente:

Primero, la declaración de Principios del Estado Libre Asociado ha sido modificada para que mantenga la relación fundamental que existe actualmente entre Puerto Rico y el gobierno federal, y fije la política de Estados Unidos con relación a Puerto Rico.

Señala el comité que la frase "bajo la soberanía de Estados Unidos" no tiene la intención, en forma alguna, de disminuir la autonomía que ejerce el ELA sobre asuntos de autogobierno legal. La frase simplemente reafirma que Puerto Rico sigue bajo la soberanía de Estados Unidos como los demás estados y áreas como Guam, Islas Vírgenes, Samoa Americana y el "Commonwealth" de las Islas Marianas del Norte. La soberanía de Estados Unidos sería retirada bajo la independencia, pero permanecería inalterada bajo el Estado Libre Asociado. Puerto Rico no sería incorporado y el Congreso retendría la misma flexibilidad en el diseño de programas federales que tiene actualmente. El objetivo de este título es mejorar la actual relación federal y reconocer aquellas áreas donde poderes adicionales al gobierno local proveerían mejor para el bienestar de los ciudadanos de Estados Unidos residentes en Puerto Rico.

Segundo, el procedimiento originalmente propuesto para revisión congresional de la aplicabilidad de la ley federal en Puerto Rico ha sido modificado para requerir la promulgación de una legislación para enmendar la ley federal, en lugar de conceder la inaplicabilidad si falla en actuar el Congreso, como fuera propuesto originalmente.

Tercero, el procedimiento para la revisión de las reglamentaciones federales como se aplican a Puerto Rico, también ha sido modificado. El sustitutivo requiere que las agencias federales se guíen por la declaración de política en la Sección 402 con respecto a sus acciones que tendrían un impacto en Puerto Rico. Además, el texto sustituto requiere a las agencias, luego de una determinación por el Gobernador de Puerto Rico, considerar la armonía de sus reglamentaciones con la política federal relativa a Puerto Rico y emitir decisiones en cuanto a tal coherencia. Tales decisiones serían reexaminables en el Tribunal Federal bajo las normas de revisión de la Ley de Procedimientos Administrativos (5 U.S.C. 706) en acciones expuestas por el Gobernador de Puerto Rico.

Cuarto, el sustitutivo omite la declaración de política originalmente propuesta en la sección 11(b) que estipulaba un trato de plena paridad de Puerto Rico en los programas sociales federales. Esta sección fue eliminada porque los programas caían dentro de la jurisdicción primaria de otros comités. El comité señala que no hay nada inherente en la relación del ELA que excluya el tratamiento igual de Puerto Rico en los programas sociales federales.

Quinto, el texto sustituto provee una Oficina de Enlace para Puerto Rico en lugar de una Oficina de Representante como se propuso originalmente. El contacto sería un funcionario designado por el Gobernador, en lugar de elegido, y dicho contacto no tendrá los derechos del Hemiciclo del Senado. Estas, y otras modificaciones, responden a preocupaciones del comité de que un representante al Senado de una jurisdicción no estatal, sería inconsecuente con el principio de que los miembros del Senado representan estados.

Finalmente, hay un número de otras cláusulas en el Título IV como: aviación, pasaportes y visas, valores comunales, acuerdos internacionales y propiedades federales, que han sido modificadas en distinto grado en el texto sustitutivo. Estas cláusulas serán descritas en detalle en la porción Análisis Sección por Sección de este informe. En general, sin embargo, estas cláusulas no están directamente relacionadas con el status político de Puerto Rico y, de determinarse que es una política federal sabia, entonces deberán promulgarse independientemente de cualquier legislación sobre status. Sin embargo, su resolución no debe demorar la aprobación de la S.712. Más aún, muchas de estas cláusulas son de interés para otros comités senatoriales. El comité tiene la intención de seguir trabajando estrechamente con otros comités para refinar aún más estas cláusulas. Ciertas cláusulas, como las relacionadas con los procedimientos del Tribunal Federal de Distrito para el Distrito de Puerto Rico, y las relacionadas con la jurisdicción sobre recursos marítimos, podrían introducirse como medidas legislativas separadas. Este enfoque permitirá su continua consideración por el Congreso sin disminuir la consideración de la S.712.

ANALISIS SECCION POR SECCION

Sección 1, la cláusula promulgada estipula que Estados Unidos reconoce el principio de autodeterminación y otros principios aplicables de la ley internacional con respecto a Puerto Rico; y que Estados Unidos está comprometido con un proceso de consulta y negociación con el pueblo de Puerto Rico conducente a un referéndum sobre el status político a celebrarse en una forma justa y equitativa.

Sección 2, título corto, llama a la ley Ley de Referéndum Sobre Status de Puerto Rico.

TITULO I –
PROCEDIMIENTOS DEL REFERENDUM

Sección 101(a) – *En general* – provee para un referéndum en toda la Isla para que los electores escojan entre las tres alternativas de status estipuladas en los Títulos II, III y IV de la ley.

Subsección (b) – *Fecha del referéndum* – establece que la primera votación ocurrirá el 4 de junio de 1991, o en una fecha durante el verano de 1991 que sea mutuamente acordada por los tres principales partidos políticos de Puerto Rico.

Subsección (c) – *Resultados del Referéndum* – provee que los resultados del referéndum se darán al Gobernador quien ordenará que los votos sean contados como está provisto por ley para el conteo de votos emitidos en unas elecciones generales para un cargo federal en el ELA, como la elección del Comisionado Residente.

La subsección (c) provee aún más, que si no hay una mayoría en favor de una de las tres alternativas, entonces se celebrará un segundo referéndum, el 6 de agosto, o en una fecha acordada por las partes, entre las dos alternativas que recibieron el mayor número de votos. Esta segunda votación incluirá también una alternativa de "Ninguno de los Mencionados" para proveer una opción a aquellos que no apoyan ninguna de las restantes alternativas. La opción Ninguno de los Mencionados asegurará así que el total de votos refleje el verdadero apoyo por una alternativa y una mayoría será una verdadera mayoría, no una mayoría que incluyó aquellas personas a quienes se les presentó una elección entre el "menor de los males".

Finalmente la subsección (c) provee que el Gobernador certificará al Presidente y al Congreso de Estados Unidos los resultados del referéndum.

La subsección (d) – Leyes Eleccionarias Aplicables – establece que las leyes eleccionarias del Estado Libre Asociado de Puerto Rico para unas elecciones generales para la elección de un funcionario federal en vigor al 15 de julio de 1989, se aplicarán al referéndum. Esta subsección aclara que tal ley local será modificada sólo como está provisto para ello en esta ley, y como sea necesario para reconocer que éste es un referéndum sobre alternativas de status, no la elección de un funcionario federal. Estas modificaciones necesarias no incluyen cambio alguno en las calificaciones de los electores o la forma en que se cuenten los votos y se certifiquen, o cualquier otro procedimiento para llevar a cabo una votación. Estas modificaciones necesarias serían un asunto de naturaleza puramente técnica como el llamado a la elección y tienen la intención de hacerse con el acuerdo unánime de los tres partidos políticos.

La subsección (d) requiere también que el Secretario de Justicia de Estados Unidos provea la adecuada supervisión del referéndum por alguaciles federales. El comité cree que este referéndum es de tal significado nacional que se justifica la supervisión federal. El nivel exacto de esta supervisión será determinado y provisto por el Secretario de Justicia en reconocimiento del compromiso del gobierno federal con un referéndum justo y equitativo y de la necesidad potencial de información federal en caso de disputas o controversias relacionadas con la votación. No tiene intención en forma alguna de sugerir que hay, ha habido o pueda haber un patrón de discriminación en Puerto Rico.

Subsección (e) – Revisión Judicial – provee que cualquier disputa legal o controversia surgida de este referéndum sea adjudicada de acuerdo con los procedimientos y leyes locales, excepto que las personas agraviadas podrían impugnar los resultados del referéndum basándose en irregularidades que hayan ocurrido y que hayan sido lo suficientemente significativas como para afectar el resultado. Para asegurar que las disputas relacionadas con el resultado de la votación sean resueltas rápidamente, tal impugnación se hará a un jurado especial de tres jueces, establecido en el párrafo (2). La acción del comité no tiene la intención de expresar preocupación alguna sobre la objetividad o conducta del tribunal local o federal en Puerto Rico, sino más bien proveer una revisión judicial inmediata de este importante asunto. Este jurado especial tendrá jurisdicción exclusiva para decidir tales impugnaciones, pero se tiene la intención de que el tribunal acordará el mismo peso a la ley local en asuntos radicados ante ellos. La restricción de que ninguno de los jueces en el jurado residirá en Puerto Rico tiene la intención de aplicarse únicamente a aquellos que sirven como jueces en Puerto Rico, no a los que residen en Puerto Rico pero que ejercen en los tribunales federales que no sean el Tribunal de Distrito en Puerto Rico. Se tiene la intención adicional bajo esta subsección, de que si el Gobernador no hace la certificación dentro de un periodo de tiempo razonable, una persona podría radicar una demanda sin importar el límite de tiempo de sesenta días especificado en la subsección (e), porque la certificación hubiese sido base para el periodo de sesenta días. Finalmente, las apelaciones del dictamen final del tribunal de tres jueces, pasarían al Tribunal Supremo de Estado Unidos mediante certiorari.

Subsección (f) – Implantación – provee que los procedimientos para implantar la alternativa de status que ha sido certificada como la que recibió una mayoría de los votos, entrará en efecto el 1ro. de octubre de 1991 de acuerdo con el título apropiado de esta ley. Esta fecha no se aplica donde esta ley provee expresamente otra cosa. Más aún, en caso de una demora debido a una impugnación legal, la implantación de la alternativa de status que reciba la mayoría, entrará en vigor tan pronto sea práctico después del 1ro. de octubre de 1991. En caso de que ninguna de las alternativas reciba una mayoría, entonces no se implantará ninguna otra cláusula de esta ley.

Subsección (g) – Funcionario de Información del Referéndum – provee que el Presidente nombrará un Funcionario de Información del Referéndum de una lista, o listas si fuera necesario, para encontrar una persona aceptable para el Presidente, y sobre la que estén de acuerdo los tres partidos políticos principales. El funcionario será bilingüe y será responsable de la traducción y distribución de información y material educacional sobre el referéndum a los electores calificados. Se tiene la intención de que el funcionario desarrolle un resumen de las tres alternativas de status del historial legislativo de la ley en cooperación con miembros del Congreso y que el funcionario ponga a la disposición general tal resumen, tanto en inglés como en español, a través del correo. Se espera que el funcionario permanezca completamente neutral con respecto a las alternativas de status y restrinja las declaraciones e información a lo estipulado claramente en el historial legislativo.

TITULO II – ESTADIDAD

Muchas de las cláusulas del Título II, como las 201, 203, 204, 205, 208, 209, 210, 211 y 212, aparecen en las leyes permitiendo la estadidad.

Sección 201 – Proclama – provee que de certificarse la estadidad bajo la sección 101 como que obtuvo una mayoría de los votos emitidos en el referéndum, y tras la certificación de la elección de los funcionarios (senadores y representantes) requeridos bajo la Sección 206, entonces el Presidente emitirá una proclama anunciando los resultados de la elección. Tras la emisión de tal proclama, el Estado Libre Asociado de Puerto Rico será declarado un estado de la Unión y declarado admitido a la Unión.

Sección 202 – Constitución – declara que la Constitución de Puerto Rico será siempre republicana en forma y no contradictoria con la Constitución de Estados Unidos y los principios de la Declaración de la Independencia. Esta sección declara también que la Constitución de Puerto Rico, adoptada en 1952, ha sido hallada por el Congreso como republicana en forma y en conformidad con la Constitución de Estados Unidos y los principios de la Declaración de la Independencia, y que fue aceptada, ratificada y confirmada por el Congreso mediante la Ley Pública 447 de 1952. Finalmente, esta sección declara que la actual Constitución del Estado Libre Asociado de Puerto Rico es aceptada como la Constitución del Estado. "Aceptar" la actual constitución significa que no obstante cualquier otra ley, la Constitución de Puerto Rico no necesita ser más ratificada o enmendada para poder lograr la estadidad.

Sección 203 – Territorio y Fronteras – declara que el estado incluirá todo el territorio, conjuntamente con las aguas incluidas en las fronteras marinas, del Estado Libre Asociado de Puerto Rico. La actual frontera marítima de Puerto Rico es de tres leguas marinas y es la misma para Florida y Texas en el Golfo de México, que también tiene una tradición española de donde se deriva esta frontera marina.

Sección 204 – Título Estatal a Tierras y Propiedad – provee en la subsección (a) que el estado y sus subdivisiones políticas retendrán el título de todas las propiedades que posee actualmente, incluyendo tierras sumergidas.

La subsección (b) provee que todas las tierras y propiedades separadas para el uso de Estados Unidos seguirán siendo propiedad de Estados Unidos.

La subsección (c) provee que, no más tarde de cinco años después de la fecha de admisión, cada agencia federal con control sobre cualquier terreno o propiedad en Puerto Rico, reportará al Presidente y al Congreso en relación con la necesidad futura de tal terreno o propiedad o cualquier porción, o interés que ya no necesite el gobierno federal, y entonces podrá ser transferido al estado sin costo alguno. Es importante señalar que este lenguaje no requiere que ningún terreno sea transferido, y señala expresamente que cualesquiera intereses, incluyendo cualquier porción del Bosque Nacional del Caribe o de la Sede Histórica de San Juan, no están autorizados a transferirse.

La subsección (d) provee que en caso de transferencia de terrenos bajo la subsección (c), todas las leyes federales: 1) que reservan el uso gratis en disfrute de tal propiedad; o 2) que reservan el derecho de alterar, enmendar, o revocar leyes relacionadas con la propiedad de tales terrenos, dejarán de ser efectivas.

Sección 205 – Reclamaciones de Terrenos y Propiedad Federal – la subsección (a) provee que, como un pacto con Estados Unidos, el Estado Libre Asociado y su gente reconocen todos los derechos y títulos a cualesquiera terrenos o propiedad no otorgados o conferidos al estado o sus subdivisiones políticas por esta ley, el derecho o título actualmente en poder de Estados Unidos, o sujeto a la disposición de Estados Unidos.

La subsección (b) provee que nada en esta ley afectará ninguna reclamación contra Estados Unidos ni será considerado para afectar la validez o invalidez de tales reclamaciones.

La subsección (c) provee que el estado no impondrá contribuciones sobre la propiedad de Estados Unidos.

Sección 206 – Elecciones y Referéndum de Admisión – Subsección (a) provee que tras la certificación de que la estadidad ganó por una mayoría en el referéndum, el Gobernador emitirá una proclama para la elección de senadores y representantes federales, los que serán admitidos en el Congreso y dejará de existir la Oficina del Comisionado Residente tras la juramentación del primer representante en la Cámara. La subsección provee también identificación por separado de las dos oficinas senatoriales.

La subsección (b) provee que estas elecciones se lleven a cabo según las leyes de Puerto Rico y que los resultados sean certificados al Presidente de Estados Unidos. El párrafo (2) declara el nombre del nuevo estado como Estado Libre Asociado de Puerto Rico y el párrafo (3) provee que todas las personas que ocupen cargos en el gobierno en Puerto Rico continuarán desempeñando los deberes de sus respectivos puestos.

Sección 207 – Representación congresional – provee que Puerto Rico, luego de su admisión, y hasta la siguiente reasignación, tendrá derecho a tantos representantes adicionales como está provisto en base al censo de 1990, y que los miembros permanentes de la Cámara de Representantes se aumentarán de 435 para dar cabida a los representantes de Puerto Rico. La frase "hasta la próxima reasignación" no tiene la intención de sugerir que los miembros de la Cámara volverán a ser 435 en la siguiente reasignación en el año 2002, sino que el número de representantes en Puerto Rico podría ajustarse a base del censo del año 2000.

Sección 208 – Leyes en Vigencia – Subsección (a) provee para una continua vigencia de las leyes locales y federales tras la admisión, excepto como fuera modificado por esta ley y, en el caso de las leyes federales, excepto cláusulas de la ley que proveen subvenciones u otra ayuda para los estados, unidades del gobierno local, o individuos y de las que Puerto Rico o sus residentes están excluidos o cuya elegibilidad es menos que la provista en una base uniforme a otros estados. Esta subsección provee también que las cláusulas de las leyes federales, otras aparte de aquellas que proveen subvenciones o ayuda, y que no se aplican a Puerto Rico exclusivamente a base de la geografía, continuarán no aplicándose a menos que sean expresamente extendidas por el Congreso.

El comité está consciente de que pueda haber ejemplos en la legislación federal en los que el Congreso haya reconocido las condiciones geográficas particulares de Puerto Rico como una isla en el Caribe y tomando en cuenta esas condiciones. El comité no tiene intención de que esta sección extienda inadvertidamente las normas continentales a Puerto Rico. El comité está consciente de que ha habido ejemplos en los que la remota y no continua naturaleza de Alaska y Hawaii han resultado en un trato por separado, e intenta que tal trato se continúe para Puerto Rico bajo la estadidad. El comité cree que la Comisión de Leyes Federales establecida bajo la subsección (b) podrá también proveer al Congreso de una lista de esas cláusulas que deben retenerse, y recomendaciones sobre enmiendas a la ley federal que pudieran justificarse.

La subsección (b) provee para el establecimiento de una comisión de Leyes Federales para estudiar las leyes de Estados Unidos y hacer recomendaciones en cuanto a la aplicabilidad de tales leyes al estado. Al hacer estas recomendaciones, la comisión tomará en consideración el potencial efecto de cada ley en las condiciones locales en Puerto Rico, las políticas comprendidas en la ley y las cláusulas y propósitos de este título. La subsección provee también una autorización para asignaciones para la comisión, el costo de lo cual recaerá en Estados Unidos.

Sección 209 – Continuación de Demandas – la subsección (a) provee que ninguna orden judicial, acción de acusación, causa o procedimiento pendiente en cualquier tribunal de Puerto Rico cesará debido a la admisión de Puerto Rico, sino que procederá dentro de los tribunales apropiados en el estado. La subsección (b) provee que todas las causas civiles y ofensas criminales que surjan o se cometan previamente a la admisión, serán sujetas a enjuiciamiento en los tribunales apropiados del estado o en el Tribunal Federal de Distrito. La subsección (b) declara también que la admisión del estado no tendrá efecto en el procedimiento o leyes sustantivas que gobiernen las causas de acción y ofensas criminales y serán juzgadas y castigadas por los tribunales apropiados.

Sección 210 – Apelaciones – provee que las partes tendrán los mismos derechos de la revisión judicial en casos decididos previamente a la admisión, y el Tribunal Federal de Apelaciones para el Primer Circuito y el Tribunal Supremo de Estados Unidos, tendrán la misma jurisdicción en tales casos según provisto por la ley previamente a la admisión. Esta sección provee también que cualquier mandato emitido subsiguientemente a la admisión, será dirigido al Tribunal Federal de Distrito para el Distrito de Puerto Rico o al tribunal apropiado en el estado. Las partes tendrán los mismos derechos de apelación y revisión de toda acción del Tribunal Federal de Distrito para el Distrito de Puerto Rico y del Tribunal Supremo de Puerto Rico, en cualquier caso pendiente al momento de la admisión, y el Tribunal Supremo de Puerto Rico y el Tribunal Supremo de Estados Unidos tendrán la misma jurisdicción, según provisto por la ley, en cualquier caso que surja subsiguientemente a la admisión.

Sección 211 – Terrenos militares – La subsección (a) reafirma la autoridad de Estados Unidos luego de la admisión, a legislar sobre terrenos que inmediatamente antes de la admisión estén controlados o sean propiedad de Estados Unidos y retenidos para la defensa o propósitos de la Guardia Costanera. La subsección (b) estipula el derecho de Puerto Rico a incoar un proceso civil o criminal sobre tales terrenos, y estipula que la reservación de la autoridad para Estados Unidos no evita que los terrenos sean parte de Puerto Rico, ni que el estado pueda ejercer jurisdicción sobre los terrenos de acuerdo con la ley federal. Finalmente, la subsección (b) provee que esta autoridad de Estados Unidos continúa siempre y cuando aquellos terrenos involucrados sean controlados por Estados Unidos y se utilicen para la defensa o propósitos de la Guardia Costanera, tal como pueda ser determinado por el Presidente o el Secretario de la Defensa.

Sección 212 – Nacionalidad de Estados Unidos – Provee que ninguna cláusula de este título conferirá, o terminará, o restaurará la nacionalidad de Estados Unidos.

Sección 213 – Ajuste económico – Contiene cláusulas que tienen la intención de efectuar una transición suave y justa para el nuevo estado con un mínimo de dislocación económica y permite a las agencias federales asumir o expandir las responsabilidades para la administración y cumplimiento de las contribuciones federales y los programas que afecten a los ciudadanos que residan en el nuevo estado.

La subsección (a) provee que, a partir de la fecha de admisión del Estado de Puerto Rico, todas las imposiciones contributivas federales hasta ahora no aplicables a Puerto Rico, se extienden a la Isla en la misma forma que se aplican a los demás estados.

La subsección (b) instruye a los jefes de todas las agencias federales a examinar la aplicación de todos los programas dentro de la jurisdicción de sus respectivas agencias para, luego de consultas con el Gobernador de Puerto Rico, recomendar al Presidente y a la comisión establecida bajo la sección 208(b) qué cambios, si algunos, y qué requisitos administrativos adicionales, si algunos, se necesitarán para lograr debidamente la aplicación de las leyes federales en o para el nuevo estado con la consideración debida a las circunstancias económicas, geográficas y culturales del nuevo estado.

La subsección (c) provee que, a partir de la fecha de admisión del Estado de Puerto Rico, todos los programas federales que proveen ayuda a o a nombre de individuos, se aplicarán en Puerto Rico tal y como se aplican a los demás estados. Hace varias excepciones: 1) los reembolsos bajo Medicare no excederán el costo real de proveer un cuidado de salud equivalente a los niveles de cuidados provistos en los varios estados contiguos; 2) el Secretario de Agricultura podría, con el consentimiento y acuerdo del Gobernador de Puerto Rico, continuar asignando la cantidad de fondos para los cuales Puerto Rico es elegible bajo el Programa de Cupones de Alimentos como subvención en bloque, más bien que como cupones, como un programa piloto hasta el 1ro. de octubre de 1997, a menos que sea provisto de otra forma por el Congreso; 3) exclusivamente para propósitos de la transición y como asunto de necesidad administrativa, el Programa de Ingreso de Seguro Suplementario (SSI) no comenzará hasta el 1ro. de enero de 1994. Hasta esa fecha, continuará el programa Ayuda para Ancianos, Ciegos e Incapacitados.

El comité señala que esta sección no es opcional, ni un asunto de generosidad del comité, ni un intento para inclinar la legislación hacia la estadidad. Esta cláusula es constitucionalmente requerida. El comité ha buscado demorar sólo la aplicación del SSI y sólo por razones administrativas. El comité cree, a base de testimonios escuchados durante las vistas, que la demora es absolutamente necesaria para permitir a la Rama Ejecutiva, una vez se hayan certificado los resultados del referéndum, obtener la autoridad presupuestaria necesaria y estar preparada para la plena aplicación del programa a partir de 1994. El comité está consciente de que los costos reales de cada uno de los programas es incierto debido a la interrelación entre los programas en cuanto a la elegibilidad de ingresos y porque no está claro qué decisiones tomará el nuevo gobierno estatal con respecto a las asignaciones de sus recursos. Aunque la aplicación de estos programas es requerida bajo la estadidad, el comité desea destacar que no hay nada en la Constitución que evite la plena aplicación ahora al Estado Libre Asociado.

La subsección (d) provee que el actual trato contributivo aplicable a Puerto Rico se continúe hasta el 1ro. de enero de 1994. A partir de la certificación de los resultados del referéndum, el Secretario del Tesoro consultará con el Gobernador de Puerto Rico sobre la transición de una jurisdicción contributiva extranjera a la del nuevo estado. El Secretario está autorizado, sin que tenga que ser reembolsado por ello, a proveer tal ayuda técnica y cualquiera otra necesaria como pueda solicitar el Gobernador, para reformar la actual situación de ingresos de Puerto Rico antes del 1ro. de enero de 1994. Los jefes de todas las agencias federales son instruidos a ayudar al Secretario y proveer el apoyo que pudiera éste solicitar. A partir del 1ro. de enero de 1994, las leyes federales de rentas internas se aplicarán dentro del Estado de Puerto Rico igual que dentro de los otros estados con sujeción a tales reglas transicionales u otras cláusulas que pudiera promulgar el Congreso antes de tal fecha. Esta subsección provee una cláusula especial de particular transición: el crédito previamente permitido bajo la Sección 936 del Código de Rentas Internas con respecto a los ingresos o inversiones por actividades en Puerto Rico se reducirá a 80% para los años tributables a partir de 1994, 60% para los años tributables a partir de 1995, 40% para los años tributables a partir de 1996, 20% para los años tributables a partir de 1997 y no estará disponible con respecto a tales ingresos o inversiones después de esa fecha. El Congreso se reserva explícitamente la autoridad para promulgar reglas transicionales apropiadas relacionadas con la implantación de las reducciones crediticias arriba mencionadas y el tratamiento contributivo de las corporaciones con respecto a cuándo una elección bajo la Sección 936 del Código de Rentas Internas está en vigencia durante el periodo de transición, y el Secretario del Tesoro está autorizado para promulgar e implementar tales regulaciones como sean necesarias.

El Comité señala que esta sección también la requiere la Constitución. Aunque las actuales leyes contributivas locales en Puerto Rico tienen su base en el Código Federal de 1954, son suficientemente diferentes para que la inmediata aplicación del código federal sea impracticable. El comité había esperado que el departamento del Tesoro hubiese sido de más utilidad al comité en el diseño de una transición apropiada. El comité acordó que las nuevas contribuciones deben comenzar al principio de un año tributable y que el Tesoro necesitaría tiempo para poder administrar debidamente y hacer cumplir las leyes contributivas. El comité entiende que de todas las cláusulas de la medida pro estadidad, ésta es quizá la más difícil. Será necesaria una variedad de reglas transicionales, especialmente a nivel corporativo, para reconocer el efecto que ha tenido en Puerto Rico el status contributivo separado. Hay empresas en Puerto Rico que disfrutan de ciertos beneficios contributivos bajo las leyes de Puerto Rico y que pudieran haber estructurado sus inversiones y operaciones en respuesta a estas leyes contributivas locales. En esos casos, podría justificarse algun periodo de transición. Además, los actuales impuestos locales recaudan aproximadamente $2,000 millones en ingresos locales. Se necesitará una cuidadosa coordinación entre el Gobierno Federal y Puerto Rico de modo que el Gobierno Local pueda hacer cualesquiera ajustes en las leyes contributivas que se necesiten, mientras conserva los ingresos necesarios. Con respecto a la Sección 936, el comité determinó que una eliminación en cinco años del crédito era una transición razonable para permitir a las empresas ajustarse a la nueva situación contributiva. El comité está consciente de que la Sección 936 tiene actualmente aplicación a la Iniciativa de la Cuenca del Caribe y funciona en algunos aspectos como una Zona Empresarial en los Territorios. En lugar de intentar redactar un texto sustitutivo para la Sección 936, el comité decidió adoptar la eliminación con la expectativa de que el asunto de la Sección 936 y los requisitos transicionales en general para la aplicación de las leyes de rentas internas federales sea estudiado por los comités de Finanzas y Medios y Arbitrios en una forma que mejor provea para una transición suave para el nuevo estado.

La subsección (e) provee que el actual pago provisto por las asignaciones indefinidas permanentes de los impuestos aduaneros y los pagos de equivalencia sobre el alcohol se continúe como una subvención a la estadidad. Además, provee que, hasta que sea provisto de otra forma por la ley, todos los ingresos derivados de la imposición de contribuciones que serán aplicables en Puerto Rico según la subsección (a) de esta sección o cualesquiera nuevas imposiciones contributivas que sean aplicables de ahí en adelante, se pagarán al Tesoro de Puerto Rico. Como un pacto con el Estado de Puerto Rico, no se podrá hacer ninguna alteración en la transferencia de fondos bajo esta subsección hasta después del 1ro. de octubre de 1998. La prohibición bajo la Sección 7652(d) (2) del Código de Rentas Internas, se aplicará a tales fondos. Finalmente, esta subsección provee que, como subvención transicional a la estadidad para el nuevo estado para ayudar en el mantenimiento de los servicios del gobierno y para proveer para el mantenimiento de la infraestructura, y minimizar el impacto en los ingresos locales de la transición que sean una jurisdicción contributiva extranjera, todos los ingresos derivados de la aplicación de las leyes de rentas internas federales en 1994 y 1995 dentro del Estado de Puerto Rico, se pagarán al Tesoro de Puerto Rico. La medida de la cantidad de ingreso que se derive en tal forma, se determinará de acuerdo a tales reglas transicionales u otras cláusulas que pudiera promulgar el Congreso antes del 1ro. de enero de 1994.

El comité preparó estimados del impacto de los gastos e ingresos de la Sección 213 que indica que los gastos federales aumentarían bajo la estadidad debido al incremento en varios programas federales como Medicare, SSI, AFDC, Cuidados Sustitutos y Cupones de Alimentos. El Departamento de Salud y Servicios Humanos y el Departamento de Agricultura proveyeron estimados de los aumentos en tales programas que ocurrirán en el año fiscal 1992 suponiendo que Puerto Rico logre la estadidad en 1992. El personal del comité incrementó estos estimados en 5% anual y respondió por la cláusula en la medida que demora la expansión del SSI a Puerto Rico hasta 1994. Los estimados resultantes aparecen en la siguiente tabla:

CAMBIOS EN GASTOS NETOS – Estadidad

Cambio en Gastos	Aumentos en Ingresos	Cambio Neto en Gastos Federales
431	0	431
453	0	453
1,337	458	879
1,404	1,171	233
1,474	3,120	(1,646)
1,548	4,063	(2,515)
1,626	5,027	(3,401)
1,707	5,278	(3,572)
1,792	5,542	(3,750)
11,772	24,660	(12,887)

NOTA: Los gastos excluyen Seguro Social, pagos a veteranos, Retiro Federal e Incapacidad, Salarios, Sueldos y Asignaciones. Incluye todos los otros pagos a individuos y subvenciones al gobierno. Los ingresos son netos de ingresos devueltos a Puerto Rico, e.g., imposición de contribuciones y aduanas.

Los ingresos federales aumentarían bajo la estadidad debido a la aplicabilidad de las leyes de rentas internas federales a partir de 1994. Las contribuciones sobre ingresos personales y corporativos producirán ingresos sustanciales lo mismo que la eliminación por fases de los beneficios de la Sección 936. El departamento del Tesoro proveyó estimados del efecto de estos cambios para el periodo de 1992 a 1998. El personal del comité incrementó estos estimados en 5% anual para el periodo de 1999 al 2000 y respondió por las claúsulas en la medida que cubren la imposición de contribuciones en Puerto Rico hasta 1998 y cubren completamente las contribuciones sobre ingresos personales y corporativos para los años de 1992 y 1993. (Estos estimados presumieron que la cubierta completa de la imposición de impuestos continuará hasta el año 2000).

Debe recalcarse que estos estimados son muy preliminares y están basados en estimados provistos por la Administración. El comité no ha encontrado base, sin embargo, sobre la cual estar en desacuerdo con estos números de la Administración. Aunque algunas partes han alegado que los estimados de gastos son demasiado bajos y los de ingresos demasiado altos, otras han alegado que lo opuesto es cierto. Por ejemplo, los estimados del Tesoro con respecto a los ingresos de las 936, podrían ser crasamente bajos si ciertos sectores de la economía 936 son afectados por una patente sencilla u otro intangible asignado a su subsidiaria en Puerto Rico, como un suero para el SIDA, o un medicamento para el cáncer. También el crecimiento en la electrónica y las plantas gemelas podría resultar en estimados del Tesoro muy bajos. Los estimados de gastos federales son inciertos y altamente dependientes de qué decidirá un nuevo gobierno estatal puertorriqueño con relación a los niveles de beneficios apropiados para sus residentes. Por ejemplo, los beneficios máximos del AFDC para una familia de cuatro personas en enero de 1989 fluctúan desde $144 en Mississippi hasta $899 en Alaska.

Otra área de controversia son los estimados del Tesoro en los aumentos de ingresos que surgirán de la eliminiación por fases de la sección 936. Este es un problema complicado y requiere que se hagan juicios informados sobre asuntos como: ¿qué factores llevaron a varias empresas a localizarse en Puerto Rico? ¿Cuán importantes son los beneficios 936 para que sigan en Puerto Rico? ¿Qué empresas permanecerán en Puerto Rico? ¿Cuáles se irán para Estados Unidos? ¿Cuáles se irán a ultramar? ¿Cómo se afectarán los ingresos federales bajo cada una de estas tres decisiones de localización? El comité señala que las suposiciones del Tesoro sobre los ingresos no requieren que las firmas permanezcan en Puerto Rico luego de eliminarse las 936. El Tesoro sencillamente supone que la actividad económica continuará y, por consiguiente estará sujeta a las contribuciones federales.

Aunque las proyecciones económicas son inherentemente "suaves", las proyecciones que conllevan un cambio en el status político lo son aún más. La economía de Puerto Rico está atada a la economía de Estados Unidos. Las proyecciones hechas por GAO, basándose en información de 1983, calcularon una tasa de desempleo de 23.5 por ciento, mientras el desempleo real en 1988 fue de 15.9 por ciento. Defensores de la estadidad han alegado que la estadidad conduciría a una economía más robusta. De ser así, las proyecciones sobre los costos de la ayuda federal son posiblemente muy altos y los estimados de ingresos serán muy bajos. A la inversa, una baja en la economía estadounidense podría alterar hasta esas proyecciones. Además, los costos reales de los programas y el cobro de ingresos se verán afectados por futuras acciones del Congreso con respecto a los niveles de beneficios bajo los programas y cambios en el código contributivo. Aunque resulta irrazonable suponer que no habrá cambios es aún más irrazonable hacer suposiciones sobre cuáles serán dichos cambios. Por cada argumento que altere las suposiciones de la administración, el comité puede ofrecer un argumento igualmente posible con el efecto opuesto.

El comité ha adoptado las cifras del Tesoro como los mejores estimados disponibles de cambios de ingresos en estos momentos. Se espera que tanto los estimados de gastos como de ingresos sean refinados según la medida siga adelante en el proceso legislativo. Es la intención del comité que esta sección provea pautas para una mayor consideración de estos asuntos económicos, como fuera descrito anteriormente en la sección "Enmienda del Comité" de este informe.

Otro asunto de controversia es si la Sección 213 es o no constitucional porque no aplica completa e inmediata-

mente las contribuciones y programas federales y podría
por consiguiente violar la cláusula de uniformidad de la
Constitución. El Comité está en desacuerdo con este punto de vista y cree que el Congreso tiene considerable
autoridad bajo las cláusulas territoriales y de estabilidad
en la Constitución para proveer trato económico no idén-
tico bajo la estadidad si tal trato es razonable, transicional
y necesario. Las cláusulas de la Sección 213 no sólo son
razonables, sino necesarias para poder proveer tiempo
necesario a las agencias federales para implantar ciertas
contribuciones y programas sociales nuevos en Puerto
Rico, el tiempo necesario para modificar las contribuciones locales y las leyes de programas sociales y evitar
dislocaciones extremadamente serias para la economía de
Puerto Rico durante la transición del status de Estado
Libre Asociado a la estadidad. El comité está de acuerdo
en que, a base de los estimados del Tesoro, la estadidad, a
la larga, sería un beneficio neto para el Tesoro federal
sobre los costos de un Estado Libre Asociado continuado.

TITULO III – INDEPENDENCIA

Sección 301 – Convención Constituyente – provee en
la subsección (a) para la elección de delegados, dentro de
seis meses después del referéndum, a una Convención
Constituyente para servir hasta que se proclame la independencia y para redactar una Constitución para la República de Puerto Rico.

Subsección (b) expone las calificaciones para los que
voten en la elección de delegados a la Convención Constituyente para incluir 1) todas las personas nacidas y que
residan en Puerto Rico; 2) todas las personas que residan
en Puerto Rico [aunque no hayan nacido en Puerto Rico]
y que uno de los padres haya nacido en Puerto Rico; 3)
todas las personas que al momento de la promulgación de
esta ley hayan residido en Puerto Rico por 25 años o más;

4) todas las personas que establecieron su residencia en Puerto Rico antes de tener la edad para votar y aún residen en Puerto Rico; y 5) los conyuges de todos los casos mencionados arriba. El propósito de esta subsección es asegurar la participación de sólo aquellas personas que han demostrado un deseo de formar parte de la comunidad puertorriqueña. Aunque tales restricciones sobre el derecho a votar puedan ser argumentadas como incongruentes con las cláusulas de igualdad de protección en la Constitución, las circunstancias en este caso no tienen precedente. Esta sería una elección para el desarrollo de una constitución para entrar en vigor luego de la terminación de la soberanía norteamericana. Estas protecciones de la Constitución de Estados Unidos son inaplicables al proceso de desarrollar la constitución de una nación extranjera nueva, y los procedimientos para el desarrollo de la constitución constituyen ejercicios de soberanía de esa nueva nación. El Congreso está autorizado a promulgar tales restricciones sobre las calificaciones de los electores según la cláusula territorial de la Constitución de Estados Unidos, (Artículo 4, Sección 3, Párrafo 2) que autoriza al Congreso a disponer del territorio norteamericano, incluso mediante el desarrollo de un proceso de transición hacia la definitiva independencia. Estas cláusulas deben verse como una retirada inicial de la soberanía de Estados Unidos hasta el grado necesario para permitir el desarrollo de una nueva constitución.

La subsección (c) provee que las leyes de Puerto Rico relacionadas con calificaciones adicionales para los votantes y el proceso electoral se aplicarán a esta elección.

La subsección (d) provee que la Convención Constituyente se reunirá dentro de los tres meses siguientes a la elección de los delegados en la fecha y lugar que determinará la Asamblea Legislativa.

La subsección (e) provee que la Convención ejercerá

jurisdicción sobre el territorio de Puerto Rico cedido a Estados Unidos por España bajo los términos del Tratado de París de 1898.

Sección 302 – Carácter de la Constitución – provee en la subsección (a) que la Convención Constituyente formulará y redactará una constitución estableciendo una forma republicana de gobierno que garantizará los derechos humanos fundamentales.

La subsección (b) expone esos derechos fundamentales como debido proceso, igualdad de protección, expresión, prensa, reuniones, asociación, religión, así como los derechos de un acusado, y los derechos a la educación, alimentación, servicios de salud, vivienda, empleo y el derecho a tener una propiedad y a la justa compensación por la expropiación.

La subsección (c) provee que los derechos de propiedad de Estados Unidos y Puerto Rico serán prontamente ajustados y solucionados, y todos los derechos de propiedad existentes de ciudadanos o corporaciones de Estados Unidos, serán respetados y salvaguardados como lo son los derechos de propiedad de los ciudadanos de Puerto Rico.

Sección 303 – Ratificación de la Constitución – provee en la subsección (a) que la Constitución será sometida al pueblo para su ratificación o rechazo.

La subsección (b) requiere que la Asamblea Legislativa deberá convocar a una elección especial, dentro de los tres meses de que la Convención haya adoptado la Constitución, para el propósito de ratificación.

La subsección (c) provee que la elección se realizará en una forma prescrita por la Asamblea Legislativa; y en caso de que la Constitución no sea aprobada, será vuelta a someter a la Convención Constituyente para mayor consideración y someterla nuevamente a los electores.

La subsección (d) provee que los calificados para votar en esta elección son los calificados según la sección 301(b).

Sección 304 – Elección de los Funcionarios de la República – provee en la subsección (a) que dentro de los treinta días desde la ratificación de la Constitución, el Gobernador emitirá una proclama convocando para la elección de los funcionarios requeridos por la Constitución.

La subsección (b) provee que tal elección no será más tarde de seis meses después de la ratificación.

La subsección (c) provee que tal elección se celebrará de acuerdo con los requisitos en la nueva Constitución.

La subsección (d) provee que el Gobernador certificará los resultados de la elección al Presidente de Estados Unidos.

Sección 305 – Comité de Transición Conjunto – provee en la subsección (a) para el establecimiento de una Comisión de Transición Conjunta con los miembros a ser designados en números iguales por el Presidente de Estados Unidos y el funcionario que preside la Convención Constituyente de Puerto Rico.

La subsección (b) expone las responsabilidades de la Comisión en aligerar la transferencia ordenada de todas las funciones actualmente ejercidas por el gobierno de Estados Unidos en Puerto Rico, incluyendo la recomendación de la promulgación de legislación por cualquiera de los gobiernos.

La subsección (c) provee que cualquier grupo de trabajo necesario establecido por la Comisión sea constituido en la misma forma que la Comisión. Se señala que este título estipula expresamente el establecimiento de varios grupos de trabajo. Sin embargo, esto no tiene la intención de ser exclusivo, y la Comisión podría querer establecer grupos de trabajo adicionales, por ejemplo, para la resolución de disputas o establecer subgrupos de trabajo para tareas particularmente complejas como la transición de los programas federales.

La subsección (d) requiere que los gobiernos de Puerto

Rico y Estados Unidos cooperen con la Comisión y los nuevos funcionarios de la República de Puerto Rico para proveer la transferencia ordenada de las funciones del gobierno.

La subsección (e) provee que los costos de la Comisión serán divididos en partes iguales entre Estados Unidos y Puerto Rico y autoriza las asignaciones que fueran necesarias. Esta subsección ordena también a las agencias del gobierno de Estados Unidos que provean asistencia técnica a la Comisión con carácter reembolsable.

Sección 306 – Resolución de Controversias Antes de la Independencia – provee que, excepto como está provisto en el Título I, y a partir de la fecha de certificación de los resultados del referéndum y hasta la fecha de la proclama de la independencia, cualquier acción surgida de este título radicada en los tribunales de Estados Unidos, será detenida y referida a la Comisión para su resolución dentro de un periodo de tiempo razonable.

Sección 307 – Proclamas por el Presidente de Estados Unidos y el Jefe de Estado de la República de Puerto Rico – provee en la subsección (a) que, a no más tardar de un mes después de la certificación de la elección de funcionarios de la República de Puerto Rico y la aprobación de los acuerdos expuestos en las secciones 312 y 313, el Presidente de Estados Unidos, mediante proclama, retirará y entregará todos los derechos ejercidos por Estados Unidos sobre el territorio y el pueblo de Puerto Rico y reconocerá la independencia de Puerto Rico y la autoridad del nuevo gobierno. Esa proclama estipulará que la fecha de efectividad del retiro de la soberanía y el reconocimiento de la independencia será la fecha de la proclama de la independencia.

La subsección (b) requiere que el Presidente refiera copia de esta proclama al funcionario que preside la Convención Constituyente, dentro de una semana después de la firma.

La subsección (c) requiere del funcionario presidente, dentro de una semana después de recibir la proclama presidencial, y con asesoramiento del funcionario elegido para ser el jefe de estado, que determine la fecha en que el nuevo gobierno de la República de Puerto Rico asumirá las riendas y así lo notificará al Gobernador de Puerto Rico y al Presidente de Estados Unidos.

La subsección (d) provee que, al asumir el cargo, el jefe de estado de la República emitirá de inmediato una proclama declarando que Puerto Rico es 1) una nación soberana e independiente; 2) que está en vigor la Constitución; 3) que el Estado Libre Asociado de Puerto Rico y su gobierno han dejado de existir; y 4) que el Gobierno de la República ejercerá de ahora en adelante sus poderes y deberes bajo la Constitución.

Sección 308 – Efectos de la Proclama de la Independencia en las Cláusulas Legales y Constitucionales – provee que, al emitirse la proclama de independencia, y excepto que fuera provisto de otra forma por este artículo o en cualquier acuerdo concluido entre Estados Unidos y Puerto Rico 1) todos los derechos de propiedad e intereses de Estados Unidos en Puerto Rico se conferirán a la República de Puerto Rico; 2) todas las leyes de Estados Unidos, aplicables a Puerto Rico inmediatamente antes de la independencia, ya no seguirán aplicándose; y 3) todas las leyes y reglamentaciones del Estado Libre Asociado de Puerto Rico en vigencia inmediatamente antes de la independencia, continuarán en vigencia y se leerán con tales modificaciones como sea necesario para ponerlas en conformidad con la Constitución de la República de Puerto Rico hasta que sean reemplazadas con nueva legislación: proveyendo que cualesquiera cláusulas incompatibles con la soberanía de la República, serán consideradas nulas.

Sección 309 – Efectos de la Proclama de la Independencia en los Pronunciamientos Judiciales – provee que, a menos que se acuerde otra cosa entre Estados Unidos y la República de Puerto Rico: (a) la República de Puerto Rico reconocerá y dará efecto a todas las órdenes y juicios pronunciados por los tribunales de Estados Unidos o del ELA antes de la proclama de la independencia, (b) todos los procedimientos judiciales pendientes en los tribunales del ELA antes de la proclama de la independencia se continuarán en los tribunales correspondientes de la República de Puerto Rico, y (c) al emitirse la proclama de la independencia el poder judicial de Estados Unidos ya no seguirá extendiéndose a Puerto Rico. Todos los procedimientos pendientes ante el Tribunal Federal de Distrito para el Distrito de Puerto Rico, o en el Tribunal Supremo de Estados Unidos, continuarán hasta su disposición final y serán sometidos a la autoridad competente ya sea en la República de Puerto Rico o en Estados Unidos, para su debida ejecución.

Sección 310 – Sucesión Estatal – provee en la subsección (a) que el Gobierno de la República de Puerto Rico será considerado el sucesor del Gobierno del Estado Libre Asociado de Puerto Rico.

La subsección (b) requiere que el Presidente, a la proclama de la independencia, notificará a otras naciones, a las Naciones Unidas y a la Organización de Estados Americanos que Estados Unidos ha reconocido la independencia de Puerto Rico y que todas las obligaciones de Estados Unidos que surjan de cualesquiera tratados que afectan a Puerto Rico cesarán, siempre y cuando tales obligaciones puedan ser asumidas por la República de Puerto Rico en una forma a determinar por Puerto Rico.

Sección 311 – Ciudadanía y Migración – provee en la subsección (a) que la ciudadanía de Puerto Rico será regulada por las leyes de Puerto Rico.

La subsección (b) provee que, a la certificación de que la independencia ha recibido una mayoría en el referéndum, Puerto Rico ya no será considerado parte de Estados Unidos para propósitos de adquirir la ciudadanía de Estados Unidos mediante nacimiento y que esas leyes que declaran a Puerto Rico parte de Estados Unidos para tales propósitos, son eliminadas o modificadas. La subsección (b) declara también que nada en esta sección afectará la ciudadanía de cualquier persona nacida antes de la fecha de certificación.

La subsección (c) provee que ninguna persona nacida fuera de Estados Unidos luego de la proclama de la independencia, será ciudadano de Estados Unidos al nacer si los padres de tales personas adquirieron la ciudadanía en Estados Unidos sólo por virtud de haber nacido en Puerto Rico antes de la proclama. Esta subsección tiene la intención de terminar la extensión de la ciudadanía de Estados Unidos a las personas nacidas en Puerto Rico luego del resultado de un referéndum que inicie la independencia.

La subsección (d) provee que ciertos ciudadanos de la República de Puerto Rico, sin incluir los que no han sido residentes reales de Puerto Rico durante al menos cinco años, podrían entrar a Estados Unidos por un periodo de 25 años luego de la proclama de la independencia a condición de que tales personas no tendrán el derecho a establecer residencia en Estados Unidos con el propósito de naturalización. Tales personas podrán, sin embargo, adquirir tales derechos o el status de extranjero residente. Esta subsección tiene la intención de continuar la estrecha relación existente entre Puerto Rico y Estados Unidos al conceder consideración de inmigración especial a la generación de puertorriqueños nacidos después de la independencia y a aquellos padres que posiblemente sean ciudadanos norteamericanos, con el propósito de obtener educación o empleo en Estados Unidos.

Sección 312 – Defensa – provee en la subsección (a) que arreglos específicos de defensa serán negociados y aprobados de acuerdo a los procesos constitucionales de Estados Unidos y Puerto Rico y entrarán en vigencia simultáneamente con la proclama de la independencia. Estos acuerdos incluirán: (1) acuerdos de derechos operacionales y status de fuerzas que proveen un uso continuo e irrestricto y acceso irrestricto, por Estados Unidos, a instalaciones y facilidades militares y facilidades de la Guardia Costanera en Puerto Rico, hasta el mismo grado y manera de uso y acceso que existía antes del referéndum.

Los detalles correctos de los acuerdos de uso y acceso a las siguientes instalaciones y facilidades militares, expresamente descritos en los expedientes de propiedad del departamento de la Defensa de Estados Unidos, serán sujetos a negociación por Estados Unidos y Puerto Rico:

Complejo Naval de Roosevelt Roads, incluyendo su Base Naval, Estación de Entrenamiento Naval y Estación de Comunicaciones Navales con su transmisor, recibidor y puntos de relevo; instalaciones en la Isla de Vieques; Grupo de Seguridad Naval de Sabana Seca: Estación de Radar de Punta Borinquen; Estación de Radar de Salinas; acceso a la Base Muñiz de la Guardia Nacional Aérea en el Aeropuerto Internacional de San Juan; acceso al Aeropuerto Internacional Borinquen y uso del Area de Adiestramiento del Campamento Santiago.

(2) un acuerdo para negar a terceros países cualquier acceso o uso del territorio de Puerto Rico para propósitos militares, excepto los expresamente autorizados por Estados Unidos. Este acuerdo hará explícitamente claro que Estados Unidos tendrá derecho a determinar qué constituye "acceso o uso del territorio de Puerto Rico para propósitos militares" por terceros países; y (3) un acuerdo por Puerto Rico de que las condiciones existentes seguirán en vigor hasta que sean terminadas o de otra forma enmendadas por mutuo consentimiento. Sin embargo, cualquiera de las naciones podría solicitar negociaciones en cualquier momento.

La subsección (b) requiere que cualquier consentimiento por Estados Unidos para cualquier cambio en el acuerdo relacionado con la negativa del territorio de Puero Rico a terceras naciones para propósitos militares, deberá ser expresamente autorizado por una ley del Congreso.

El comité no incluye lenguaje estatutario para requerir al gobierno de Puerto Rico que acceda a proveer tal propiedad adicional e instalaciones como pueda ser determinado en el futuro por el gobierno de Estados Unidos si fueran necesarias para propósitos militares. La cláusula de tal propiedad adicional estará sujeta a futuras negociaciones entre el gobierno de Puerto Rico y el gobierno de Estados Unidos y será provista en términos y condiciones mutuamente aceptables.

Sección 313 – Programas Federales – se promulga en reconocimiento de la particular relación entre Estados Unidos y Puerto Rico, para efectuar una transición suave y justa para la nueva República de Puerto Rico con un mínimo de dislocación económica y para promover el desarrollo de una economía viable en la nueva República de Puerto Rico. Como en la Sección 312, Sección 307(a), requiere que se negocien ciertos acuerdos económicos determinados y sean aprobados de acuerdo con los procesos constitucionales de Estados Unidos y Puerto Rico, y entrarán en vigor simultáneamente con la proclama de la independencia.

La subsección (a) provee que todos los programas federales continuarán aplicándose en Puerto Rico hasta la conclusión del año fiscal en que se proclame la independencia, cuando se pagará una subvención a la República de Puerto Rico según la subsección (b)(3).

La subsección (b) provee que los arreglos particulares para la continuación de la eliminación por fases de programas federales, serán negociados por un Grupo de Trabajo en Ayuda Económica establecido por la Comisión de Transición Conjunta y aprobados de acuerdo con los procesos constitucionales de Puerto Rico y Estados Unidos, y entrarán en vigor simultáneamente con la proclama de la independencia. En general, los acuerdos específicos proveerán que: 1) todos los programas de pensión federales, como beneficios a veteranos y el servicio civil, continuarán según está provisto por las leyes de Estados Unidos; 2) antes de concluir el año fiscal en que se proclame la independencia, se determinará un estimado por el Contralor General de Estados Unidos de la cantidad total de subvenciones, programas y servicios, incluyendo Medicare, provistos por el gobierno federal en Puerto Rico en tal año fiscal, excepto para aquellas concesiones, programas y servicios que de otra forma continuarán bajo esta ley; 3) se pagará anualmente una subvención igual a la cantidad establecida bajo el párrafo (2) a la República de Puerto Rico a partir del año fiscal siguiente al año de la proclama de la independencia, hasta el noveno año luego de la certificación del referéndum. No se requiere que toda la ayuda de Estados Unidos cese al concluir el noveno año fiscal completo, pero la ayuda futura estará sujeta a negociación y acción por el Congreso. El comité espera que las relaciones entre Estados Unidos y la República de Puerto Rico sean amistosas, basadas en el historial de unas relaciones muy estrechas e intereses mutuos; 4) Estados Unidos cumplirá cualesquiera obligaciones contractuales pendientes al momento de la proclama de la independencia; y 5) Puerto Rico podría solicitar que Estados Unidos renueve o continúe cualesquiera obligaciones contractuales, siempre y cuando Puerto Rico acceda a que el costo de tal renovación o continuación sea deducido de la subvención anual hecha bajo el párrafo (3).

La subsección (c) provee una autorización para las asignaciones que fueran necesarias para cumplir con el propósito de esta sección.

El personal del comité preparó estimados del impacto de gastos e ingresos de la Sección 313. Los gastos federales disminuirán bajo la independencia debido a la cláusula de la medida según la cual varios programas federales como Medicare, SSI, AFDC, Cuidado Sustituto y Cupones de Alimentos, serían convertidos en una sola subvención en bloque tras la independencia. La cantidad de la subvención seguiría siendo la misma (entiéndase, constante en términos nominales). En contraste, bajo el Estado Libre Asociado, los gastos bajo esos programas aumentarían con la inflación y cualquier aumento en el número de beneficiarios. La Oficina de Administración y Presupuesto proveyó estimados del nivel de gastos para tales programas para el año fiscal 1988. Estos estimados están aumentados en 5% anual y se presumió que la independencia entraría en vigencia en 1995. Los estimados resultantes de los cambios en los gastos federales aparecen más abajo. La creación de una concesión en bloque en 1995 conduce a reducciones en gastos en 1996 y después, ya que la subvención permanece constante en términos nominales.

Los ingresos federales aumentarían bajo la independencia debido a la eliminación por fases de los beneficios de la Sección 936 y aumentarían las recaudaciones del impuesto al ron. El departamento del Tesoro proveyó estimados del efecto de esos cambios para el periodo de 1992 a 1998. Estos estimados fueron incrementados al 5% anual para el periodo de 1999 al 2000. Los estimados resultantes aparecen también en la tabla, conjuntamente con el cambio neto en los gastos federales.

CAMBIOS EN GASTOS NETOS

Independencia

Cambio en Gastos	Aumentos en Ingresos	Cambio Neto en Gastos Federales
0	0	0
0	0	0
0	0	0
0	2,889	(2,889)
(213)	3,531	(3,968)
(437)	3,531	(3,968)
(672)	3,548	(4,220)
(919)	3,725	(4,644)
(1,178)	3,911	(5,089)
(3,420)	20,864	(2,284)

NOTA: Los gastos excluyen Seguro Social, pagos a veteranos, Retiro Federal e Incapacidad, Salarios, Sueldos y Asignaciones. Incluye todos los otros pagos a individuos y subvenciones al gobierno.

Debe resaltarse nuevamente que estos estimados son muy preliminares y están basados en estimados provistos por la Administración. La anterior discusión, en la Sección 213, de las indecisiones que rodean los estimados, se aplican también aquí. Como en el caso de la Sección 213, el comité ha adoptado las cifras del Tesoro como los mejores estimados disponibles en este momento en cuanto a los cambios de ingresos. Tanto los estimados de gastos como de ingresos indudablemente serán refinados según siga adelante la medida.

El comité señala que bajo la independencia, a diferencia de la estadidad, el crédito de la Sección 936 muy posiblemente sea reemplazado por un crédito contributivo extranjero.

Sección 314 – Seguro Social – provee en la subsección (a) para un Grupo de Trabajo en Seguro Social para negociar los acuerdos necesarios para proteger los derechos de los trabajadores que tienen un seguro permanente bajo la Ley del Seguro Social hasta cinco años subsiguientes a la certificación del referéndum, y coordinar el Sistema del Seguro Social de Estados Unidos con un sistema similar a establecerse en la República de Puerto Rico.

La subsección (b) provee que, para poder dar un tiempo adecuado para la negociación e implantación de estos acuerdos, las actuales cláusulas de la Ley de Seguro Social se aplicarán durante cinco años subsiguientes a la certificación del referéndum. Esta sección contempla una transferencia de recursos a Puerto Rico para ayudar en el establecimiento de un sistema local de naturaleza similar. Se tiene la intención de que tal subvención se estime a base del valor de las contribuciones pagadas, más intereses, por residentes de Puerto Rico que habrán logrado el status de asegurado permanentemente hasta cinco años subsiguientes a la certificación del referéndum. Los acuerdos bajo esta subsección proveerán, tras la transferencia de recursos, para la extinción de los derechos de los recipientes y las obligaciones de Estados Unidos hacia esos recipientes.

La transición del actual sistema a uno nuevo, garantizará que los actuales beneficiarios continuarán recibiendo todos los beneficios hasta la expiración normal de los mismos. Esto podría acarrear un costo de transición, dado que las actuales contribuciones por los puertorriqueños al actual sistema son menos que los beneficios actuales. Sin embargo, tal costo es consecuente con el propósito de sobrecargo legislativo de reducir gradualmente la dependencia de Puerto Rico de Estados Unidos, particularmente a la luz del hecho de que cualquier costo en transición sería temporero. El Grupo de Trabajo establecido por la Comisión de Transición Conjunta en el Seguro Social seleccionaría entre las varias posibles alternativas para proveer tales garantías, de modo que Puerto Rico pueda establecer y operar un sistema de seguro social financieramente sólido para la protección de las futuras generaciones de sus ciudadanos.

Sección 315 – Medicare – provee para el establecimiento de un Grupo de Trabajo en Medicare para negociar acuerdos para la coordinación del sistema de Medicare con un sistema similar en la nueva República de Puerto Rico y para la aprobación de tales acuerdos según los procesos congresionales de Puerto Rico y Estados Unidos.

Sección 316 – Relaciones Comerciales – provee en la subsección (a) que las relaciones comerciales entre Estados Unidos y Puerto Rico continuarán como en la actualidad está provisto por ley hasta la proclama de la independencia.

La subsección (b) provee para el establecimiento de un Grupo de Trabajo en Comercio para considerar y desarrollar cláusulas concretas entre Estados Unidos y Puerto Rico luego de la independencia. Esta subsección incluye también una expresión del deseo del Congreso de considerar un mutuo acuerdo de comercio libre que será negociado. En este caso el "libre comercio" no significa que habrá un comercio abierto para todos los artículos entre las dos naciones, pero hasta el punto que hay limitaciones en las importaciones o exportaciones, esas limitaciones serán mutuamente acordadas y, en general, provee beneficios mutuos a cada nación y se ayudarán entre sí para cumplir sus objetivos comerciales y de desarrollo económico. Esta subsección provee también que, a falta de tal acuerdo, Puerto Rico recibirá el status de más favorecido y siempre y cuando Puerto Rico cumpla los requisitos bajo la Ley de Recuperación Económica de la Cuenca del Caribe, se le designará como una beneficiaria bajo la Iniciativa de la Cuenca del Caribe.

La subsección (c) provee que el Presidente abogará para tratar de obtener un tratamiento tarifario favorable para las exportaciones de Puerto Rico hacia otras naciones, y estimulará a otras naciones para designar a Puerto Rico como una beneficiaria bajo sus respectivos Sistemas Generales de Preferencias Comerciales.

Sección 317 – Fijación de Impuestos – provee en la subsección (a) que a partir de la fecha de la proclama de la independencia, el crédito contributivo permitido bajo la Sección 936 ya no estará disponible para la actividad inversionista en Puerto Rico. Esta subsección es una respuesta a las preocupaciones del departamento del Tesoro de que la extensión de la Sección 936 a un Puerto Rico independiente podría dar paso a cláusulas de "más favorecida" en los tratados contributivos con otras naciones y por lo tanto requeriría que la Sección 936 se les extendiera a ellas. Sin embargo, el comité señala que la Sección 936 se ha extendido a los Estados Libremente Asociados de Micronesia y esto no ha representado problemas con relación a las cláusulas de "más favorecida" en los tratados contributivos. Los Estados Libremente Asociados, aunque completamente soberanos, no son independientes y mientras estén bajo la libre asociación son elegibles para participar en muchos programas federales como si fueran parte de Estados Unidos. Puerto Rico, por otro lado, sería completamente independiente. El Departamento de Estado declaró que una eliminación razonable por fases de la Sección 936 posiblemente no suscite objeciones de otras naciones porque tal situación transicional no estuvo contemplada bajo ningún tratado contributivo negociado previamente.

Los comités de Finanzas y Medios y Arbitrios considerarán también estas cláusulas. De igual forma que bajo la opción de la estadidad, pudiera ser que los comités de contribuciones, después de revisar los objetivos de esta cláusula con la Administración, recomienden un enfoque diferente. El comité señala que es posible que las empresas en Puerto Rico puedan usar el crédito contributivo extranjero en lugar de la Sección 936.

La subsección (b) provee para el establecimiento de un Grupo de Trabajo en Imposición Contributiva para negociar tratados contributivos apropiados para gobernar las relaciones entre Puerto Rico y Estados Unidos. Esto permitiría a Puerto Rico obtener el mismo trato beneficioso otorgado a otras naciones extranjeras bajo tratados actualmente en vigor con Estados Unidos.

Sección 318 – Moneda y Finanzas – provee en la subsección (a) para el establecimiento de un Grupo de Trabajo en Moneda y Finanzas para negociar un acuerdo para ayudar a la República de Puerto Rico en el diseño y establecimiento de un sistema de seguro de depósitos para determinar el grado de apoyo financiero que será provisto por Estados Unidos y hacer los arreglos necesarios con respecto al uso de la moneda de Estados Unidos por Puerto Rico, de ser así solicitado.

La subsección (b) provee que la garantía de Estados Unidos a los inversionistas en el mercado secundario para préstamos existentes, se mantendrá para los préstamos existentes originados en Puerto Rico a la fecha de la proclama de la independencia y hasta su madurez (vencimiento).

Sección 319 - Deuda Pública - señala que todas las deudas válidas y pendientes del Estado Libre Asociado de Puerto Rico serán adquiridas por la República de Puerto Rico y que el trato contributivo de cualesquiera tales obligaciones no se verá afectado por la proclama de la independencia hasta el grado en que son tratados los estados en sus similares obligaciones.

Título IV - Estado Libre Asociado

La sección 401 provee para la implantación de este título: Estado Libre Asociado certificado como que obtuvo una mayoría de los votos emitidos en el referéndum.

Sección 402 - Principios del Estado Libre Asociado - señala, en la subsección (a) que Puerto Rico es un cuerpo político autogobernado unido en relación política con Estados Unidos y bajo la soberanía de Estados Unidos. Esta subsección sostiene la esfera de autogobierno que ha disfrutado el pueblo de Puerto Rico desde 1952 y que ha sido reconocido por las Naciones Unidas, y contempla el fortalecimiento de esta relación. El establecimiento del Estado Libre Asociado según la Ley Pública 600 definió una esfera para el ejercicio del autogobierno sobre asuntos de interés puramente local por el gobierno de Puerto Rico de acuerdo con una Constitución aprobada por el pueblo de Puerto Rico. Este título no tiene intención de expandir o disminuir esa esfera. Este título tiene la intención de mejorar la relación entre el gobierno federal y Puerto Rico. Esta sección reconoce también que la relación de estado libre asociado es permanente y no será revocada sin consentimiento del pueblo de Puerto Rico.

La subsección (b) declara que la política de Estados Unidos será mejorar ("enhance") la relación del estado libre asociado disfrutada por el Estado Libre Asociado de Puerto Rico y el gobierno federal de Estados Unidos para permitir al pueblo de Puerto Rico acelerar su desarrollo económico y social, para obtener la máxima autonomía cultural y en la acción legislativa y en la esfera federal, tomar en cuenta las condiciones en Puerto Rico. Las dos siguientes secciones de este Título, Secciones 403 y 404, proveen mecanismos para la implantación de esta política.

Sección 403 - Aplicación de la Ley Federal - provee en

la subsección (a) que el Gobernador de Puerto Rico podría certificar al Congreso que la Legislatura de Puerto Rico ha adoptado una resolución que señala que una ley federal, o cláusula, ya no debe seguir aplicándose a Puerto Rico porque no existe un dominante interés nacional en tal aplicabilidad y no sirve los intereses de Puerto Rico. Una ley o leyes federales, o cláusula, así certificada, ya no se aplicará a Puerto Rico si se promulga una resolución conjunta aprobando la recomendación del gobierno de Puerto Rico.

La subsección (b) - Revisión Congresional Inmediata - expone los procedimientos para una revisión congresional rápida de la recomendación del gobierno de Puerto Rico de que una ley federal ya no se aplica en Puerto Rico.

Párrafo (1) - Reglas Congresionales - señala que esta subsección se ha promulgado como un ejercicio del poder para redactar las reglas del Senado y la Cámara de Representantes, y como tal se considera como parte de las reglas de cada Cámara, pero es aplicable únicamente a los procedimientos que han de seguirse en esta subsección y elimina otras reglas sólo en la medida en que existan incongruencias.

Párrafo (2) - Resolución - señala que para este párrafo el término "resolución" significa una resolución conjunta y expone el asunto después de la cláusula determinante. El párrafo (2) provee aún más que tal resolución incluirá la certificación por el Gobernador y una copia de la resolución adoptada por la Legislatura de Puerto Rico.

Párrafo (3) Referimiento - provee que la resolución será referida al Comité Cameral en Asuntos Interiores e Insulares y al Comité Senatorial en Energía y Recursos Naturales y a cualesquiera otros comités como determinen los presidentes de la Cámara y el Senado.

Párrafo (4) - Descargo - provee que si el comité o

comités no han informado la resolución al finalizar 45 días calendario, entonces estará en orden descargar al comité de mayor consideración. El Párrafo (4) provee que una moción para descargar sólo podrá hacerla un individuo que favorezca la resolución y será altamente privilegiada y el debate estará limitado a más de una hora, en partes iguales. Enmiendas a la moción no estarán en orden, ni lo estarán para considerar el voto. Finalmente, el Párrafo (4) provee que si se acuerda o no la moción de descargo, la misma no podrá renovarse, ni tampoco podrá presentarse ninguna otra moción de descargo con respecto a cualquier otra resolución relacionada con la misma.

Párrafo (5) - Consideración en el Hemiciclo - provee que cuando el último comité haya informado o haya sido eximido, se pasará a proceder a la consideración de la resolución. Las enmiendas a la moción no estarán en orden, ni tampoco lo estará mover para reconsiderar el voto mediante el cual se acordó o no la moción. El Párrafo (5) provee también que el debate sobre la resolución estará limitado a no más de diez horas, igualmente divididas; una moción para limitar más el debate no será debatible; una moción para volver a presentar la resolución no estará en orden; y no estará en orden mover para reconsiderar el voto mediante el cual se acordó o no la resolución.

Párrafo (6) - Determinación de Mociones - provee que las mociones para posponer, hechas con respecto al descargo de un comité, o la consideración de una resolución y mociones para proceder a otros asuntos, serán decididos sin debate. El Párrafo (6) provee también que las apelaciones de la decisión del presidente relacionadas con la aplicación de las reglas del Senado o la Cámara, se decidirán sin debate.

Párrafo (7) - Acción Subsiguiente - señala que no

obstante cualquier previsión de esta subsección, si cualesquiera de las Cámaras hubiese aprobado una resolución relacionada con esta presentación, entonces no estará en orden considerar en esa Cámara cualquier otra resolución relacionada con la presentada.

Párrafo (8) - *Tabulación del Periodo* - para propósitos de esta subsección, se provee que la continuidad de la sesión se rompe sólo por receso sine die, y que los días durante los cuales cualesquiera de las Cámaras no esté en sesión debido a un receso de más de tres días hasta un día seguro se excluyen de la tabulación de cualquier periodo de tiempo en el cual el Congreso esté en sesión continua.

La subsección (c) provee que esta sección no se aplicará a ninguna ley federal, o cláusula, que establece directa o indirectamente subvenciones y/o servicios a ciudadanos individuales; relacionada con la ciudadanía; o perteneciente a relaciones exteriores, defensa o seguridad nacional.

La subsección (d) provee que el Gobernador de Puerto Rico podría concertar acuerdos internacionales para promover los intereses nacionales de Puerto Rico según haya sido autorizado por el Presidente de Estados Unidos en correspondencia con las leyes y obligaciones internacionales de Estados Unidos.

Sección 404 - *Revisión Regulatoria* - expone los procedimientos de modo que el Gobernador de Puerto Rico pueda requerir la revisión de reglamentos que se aplican a Puerto Rico pero que el Gobernador determine son incongruentes con la política federal estipulada en la Sección 402.

La subsección (a) establece que las definiciones del Título 5 U.S.C. Sección 551, relacionadas con la redacción de reglas federales se aplicarán a esta sección.

La subsección (b) requiere que todas las agencias se guiarán por la política estipulada en la Sección 402 cuando lleven a cabo sus deberes en o que afecten a Puerto

Rico, y cuando se envuelvan en la redacción de reglas según la 5 U.S.C. Sección 553, la agencia incluirá en la declaración general de la base y propósito de cualquier regla final, los puntos de vista o argumentos sometidos a la agencia que levantaron una cuestión de consecuencia de tales reglas con tal política. La palabra "deberes" en esta subsección se refiere a cualquier acción por una agencia oficial autorizada por estatuto o regla. También, bajo esta subsección, una propuesta regla que es aplicable a Puerto Rico deberá ser puesta a prueba por la agencia para que concuerde con la política de la Sección 402(b). La segunda oración de esta subsección se refiere a la redacción de reglas bajo la Ley de Procedimiento Administrativo. Esto modifica la ley actual, que no requiere que una agencia provea razones para no responder a ciertas objeciones a una propuesta regla, cuando adopta una regla final.

La subsección (c) provee que cuando una agencia publica una regla final que se aplica en Puerto Rico, el Gobernador podría someter a la agencia la determinación suya de que tal regla es incongruente con la política, y cómo puede hacerse consecuente; la agencia reconsiderará el asunto de la consecuencia y dentro de 45 días publicará su primera decisión en cuanto a que, o bien 1) por los términos del estatuto según el cual la regla se hace, la agencia no tiene discreción para hacer la regla inaplicable, o varía sus términos en Puerto Rico o hay un interés nacional en que la regla sea aplicable en Puerto Rico; o bien 2) la regla no es consecuente con tal política y no será aplicable sólo de acuerdo con los términos especificados en los hallazgos de la agencia.

La subsección (c) provee aún más, que dentro de 60 días de la publicación de lo hallado por la agencia provisto bajo el "(1)" arriba, el Gobernador podría solicitar una revisión en el Tribunal Federal de Apelaciones del Primer Circuito o el Circuito Federal del Distrito de

Columbia. Los tribunales federales no tendrán jurisdicción para atender acciones incoadas por ninguna parte que no sea el Gobernador de Puerto Rico.

Sección 405 - Aviación - provee que los funcionarios del Departamento de Estado y el Departamento de Transportación buscarán el asesoramiento de los funcionarios apropiados de Puerto Rico cuando estén negociando cualquier acuerdo en la transportación aérea que pueda afectar el tráfico aéreo desde y hasta Puerto Rico.

El comité aprecia la importancia de la transportación aérea a Puerto Rico y tiene la intención de que las agencias federales responsables trabajen estrechamente con funcionarios de Puerto Rico y respondan a sus intereses lo mejor posible.

Sección 406 - Comercio Internacional - podrá, bajo la subsección (a), enmendar la ley del 12 de abril de 1900 (48 U.S.C. 739) para autorizar a Puerto Rico, estrictamente limitado por las obligaciones internacionales de Estados Unidos, a gravar impuestos tarifarios a productos de origen extranjero importados a Puerto Rico desde fuera del territorio aduanero de Estados Unidos. Tales imposiciones contributivas tarifarias podrán ser adicionales a los impuestos tarifarios generales por Estados Unidos si tales contribuciones tarifarias en general no están sujetas a la obligaciones internacionales de Estados Unidos, o en casos donde la imposición se aplique a una tasa por debajo de la que está sujeta a las obligaciones de Estados Unidos, entonces las imposiciones contributivas combinadas no excederán el nivel de la obligación internacional de Estados Unidos.

La subsección (b) enmendaría la Ley de Comercio Colectivo y Competitivo de 1988 (19 U.S.C. 2902) para señalar que es el sentir del Senado que el Presidente debe considerar los efectos de cualquier tasa tarifaria propuesta o cualquier cambio en las medidas no tarifarias en la economía de Puerto Rico y debe consultar con el Gobernador de Puerto Rico con relación a los efectos potenciales antes de la conclusión de negociaciones comerciales internacionales. La enmienda señala también que es el sentir del Senado que el Presidente debe buscar la obtención de tratamiento favorable de países extranjeros para las exportaciones de Puerto Rico y tomar los pasos para estimular a otros países a considerar a Puerto Rico como área en desarrollo para propósitos de sus respectivos esquemas de Sistemas Generalizados de Preferencias Comerciales, y cualquier sistema regional de preferencias comerciales.

Sección 407 - Consolidación en Programas Federales de Programas de Subvención en Ayuda - enmendaría la Ley Pública 95-134 para proveer a Puerto Rico con la misma consolidación de subvenciones y renuncia de la consideración de subvención pareada como está provisto para los otros territorios y mancomunidades en Estados Unidos. Esta ley, según enmendada, autoriza a las agencias federales a consolidar sus subvenciones a estos gobiernos insulares a solicitud del gobierno. En el caso del departamento de lo Interior, tal consolidación es mandatoria. Además, la LP 95-134 renuncia al requisito local de subvención pareada cuando totaliza menos de $200,000.

Sección 408 - Consultas en Nombramiento y Nominaciones - requiere en la subsección (a) que el jefe del departamento o agencia que haga nombramientos a ciertas personas para servir en Puerto Rico, deberá consultar con el Gobernador de Puerto Rico u otro funcionario apropiado en Puerto Rico, antes de tal nombramiento, sobre si existen circunstancias especiales o calificaciones que deben considerarse al hacer el nombramiento.

La subsección (b) requiere que el Presidente debe consultar con el Gobernador de Puerto Rico antes de la nominación de una persona para servir en Puerto Rico y cuyo nombramiento requiere el asesoramiento o consentimiento del Senado, sobre si existen circunstancias especiales o calificaciones que deban considerarse para decidir tal nominación. Esta sección no requiere o prohíbe la revelación de individuos bajo consideración para tal posición ni limita la habilidad de los jefes de agencias o del Presidente para nominar o designar cualquier persona. Esta sección no se aplica con respecto a ninguna posición en las Fuerzas Armadas de Estados Unidos, en la Guardia Costanera y en las agencias para el cumplimiento de las leyes.

Sección 409 - Oficina de Contacto de Puerto Rico - establece la Oficina de Contacto Senatorial para Puerto Rico en la subsección (a). La oficina estará dirigida por una persona, nombrada por el Gobernador, que servirá a gusto de éste, y que se conocerá como Contacto de Puerto Rico. El propósito de esta oficina será facilitar el intercambio de información entre el Senado y el Gobierno de Puerto Rico y proveer una presencia, o punto de contacto, en el Senado.

La subsección (b) provee que el Comité de Reglas y Administración determinará qué dependencias y servicios estarán disponibles en la oficina. Todo el personal de esta oficina tendrá una identificación que les dará derecho a los mismos privilegios que tienen los empleados del Servicio de Investigación Congresional y ningún empleado de la oficina tendrá privilegios en el Hemiciclo del Senado.

La subsección (c) autoriza la asignación de $600,000 anuales para salarios y $56,000 para gastos de oficina. El Enlace nombrará y fijará la compensación para el personal de la oficina, y todo el personal, aunque no sean empleados del Senado, podrá, excepto lo provisto en la subsección (b), ser tratado como si fueran empleados del Senado en cuanto a paga, beneficios, derechos, privilegios y restricciones y estarán sometidos a todos los requisitos de otras formas aplicables a los empleados senatoriales.

La subsección (d) provee que la oficina estará sujeta a la jurisdicción del Comité de Reglas y Administración.

Sección 410 - Pasaportes - bajo la subsección (a) enmienda el título 22 U.S.C. Sección 211b para requerir del Secretario de Estado que establezca una Oficina de Pasaportes en San Juan, Puerto Rico.

La subsección (b) requiere que el Secretario de Estado y el Secretario de Justicia deben consultar con el Gobernador de Puerto Rico para determinar qué acciones administrativas pueden tomarse para aligerar el procesamiento de visas necesarias para que una persona o personas invitadas por el Gobernador visiten Puerto Rico. Esta subsección requiere un informe al Congreso sobre tales consultas y la acción administrativa para el 15 de marzo de 1990.

La sección 411 - Valores Comunales - enmendará la Ley Clayton (15 U.S.C. 45) para suspender la aplicación de las leyes antimonopolísticas a cualquier acción entre personas en la industria de la televisión con el propósito, únicamente, de desarrollar y difundir voluntariamente pautas concebidas para aliviar el impacto negativo de: la violencia, el uso ilegal de drogas y elemento sexual explícito en el material televisivo; y promover programación local en Puerto Rico.

La subsección (c) limita la inaplicabilidad de las leyes antimonopolísticas de modo que éstas puedan aplicarse a las acciones que resulten en un boicot de cualquier persona, y limita el término de la cláusula a actividades que se realicen dentro de los 36 meses siguientes a la promulgación, pero podría extenderse por otros períodos de 36 meses mediante declaración del Gobernador.

Esta sección está estrechamente conforme con las cláusulas del proyecto aprobado por el Senado S 593, excepto para el objetivo de promover la programación local, y la autoridad del Gobernador para extender las cláusulas más de 36 meses.

Sección 412 - Propiedades Federales - requiere que el Presidente informe al Congreso para el 15 de marzo de

1990 sobre ocho propiedades federales, incluyendo una evaluación de la necesidad federal de cada propiedad, los costos y/o beneficios de su disposición, y los comentarios del gobierno de Puerto Rico con relación a cada propiedad. La sección provee además que, a menos que el Presidente encuentre que hay un interés nacional que requiere que el Gobierno Federal siga con la propiedad, entonces proveerá para la transferencia de cada propiedad a Puerto Rico según los términos que determine apropiados con respecto a cada una.

Sección 413 - Comisión Asesora en la Sede Histórica Nacional de San Juan - establece en la subsección (a) una comisión que asesorará regularmente al Secretario de lo Interior sobre la operación, administración y mantenimiento de este lugar histórico.

La subsección (b) provee que la comisión constará del Gobernador, o su designado, el director del Servicio Nacional de Parques, o su designado, tres miembros que serán nombrados tanto por el Gobernador como por el Secretario; con uno de los miembros asignados por cada uno para servir como copresidentes de la comisión.

La subsección (c) expone los términos de los miembros, cómo se cubrirán las vacantes, el pago de gastos, los requisitos para el quórum y votación por la comisión, y provee que la Sección 14(b) de la Ley Federal del Comité Asesor es pasada por alto con respecto a esta comisión.

La subsección (d) requiere que el Secretario se reunirá de vez en cuando, pero al menos anualmente, con la comisión con relación a la planificación, administración y mantenimiento de la sede histórica. Tales reuniones serán abiertas al público y en tales lugares como para estimular la participación pública y se proveerá una notificación adecuada de tales vistas.

Finalmente, la subsección (e) requiere que la comisión preparará anualmente y referirá un informe a los comités camerales apropiados que contenga información y recomendaciones sobre la operación, administración y mantenimiento del lugar, incluyendo recomendaciones relacionadas con la revisión del plan de administración general para el sitio.

COSTO Y CONSIDERACIONES
PRESUPUESTARIAS

El estimado de los costos de esta medida por la Oficina de Presupuesto Congresional ha sido solicitado pero no recibido al momento de radicarse este informe. Cuando esté disponible dicho informe, el presidente del comité solicitará que sea incluido en el Récord Congresional para asesoramiento senatorial.

EVALUACION DEL IMPACTO
REGULATORIO

En cumplimiento con el párrafo 11(b) de la Regla XXVI de la Comisión Permanente de Reglas del Senado, el comité hace la siguiente evaluación del impacto regulatorio en que se incurriría con la aprobación de la S. 712.

Es la opinión del comité que la medida no es regulatoria en el sentido de imponer normas a un gobierno establecido, a personas privadas o negocios.

No se recogerá información personal sobre la implantación de la S. 712. Por lo tanto, no habrá impacto en la intimidad personal.

El proyecto ocasionará un aumento en la burocracia gubernamental, dependiendo de la alternativa de status aprobada e implantada de acuerdo con los resultados del referéndum.

Si se implanta la estadidad podría haber aumento transicional en la burocracia en conexión con la Comisión en Leyes Federales establecida bajo la Sección 208(b), con la revisión e informe de los terrenos federales bajo la Sección 204(c) y en conexión con las cláusulas del ajuste económico de la Sección 213.

Si se implanta la independencia habrá aumento en la papelería durante el periodo de transición, particularmente en conexión con el trabajo de la Comisión de Transición Conjunta y sus varios grupos de trabajo. En un período de tiempo, sin embargo, la independencia reduciría significativamente la burocracia federal con respecto al Gobierno de Puerto Rico.

Si se implanta el Estado Libre Asociado como resultado del referéndum, entonces habrá aumentos en la burocracia en conexión con la ley federal y los procedimientos de revisión regulatoria expuestos en las secciones 403 y 404; el establecimiento de una Oficina de Contacto Senatorial bajo la sección 409; y en conexión con la comisión e informes relacionados con las propiedades federales provistas para ello en las secciones 412 y 413.

COMUNICACIONES EJECUTIVAS

La administración presentó testimonio durante tres días de vistas ante el comité y sometió comentarios adicionales, y respuestas a preguntas de comités. Estas comunicaciones están incluidas en el récord de las vistas celebradas los días 15, 17 y 18 de julio de 1989.

Bibliografía mínima

Antecedentes teóricos e históricos

THOMAS KUHN, *The Structure of Scientific Revolutions,* 2nd. ed., University of Chicago, Chicago, 1951.

KENNETH FARR, *Personalismo y Política de Partidos,* Inter American University Press, Hato Rey, 1975.

La situación actual – Ley de Consulta, Negociación y Plebiscito

Carta y Declaración de Rafael Hernández Colón, Baltasar Corrada del Río y Rubén Berríos Martínez del 17 de enero de 1989, *Claridad,* 19-25 de enero de 1989.

Declaración del Presidente de los Estados Unidos George Bush al Congreso, 9 de febrero de 1989, *New York Times,* 10 de febrero de 1989, p.9.

Texto S.712; *El Mundo,* 25,26,27,28 y 29 de julio de 1989.

El Informe Johnston, *El Mundo,* 10,11,12 y 13 de setiembre de 1989.

158

La teoría del timoneo

ARTHUR BORG, "The Problem of Puerto Rico's Political Status", (1975), 37 *Revista del Colegio de Abogados* 3, pp. 481-502.

ERIC SVENDSEN, "Puerto Rico Libre". *Open Forum,* No. 20, Spring/Summer 1979, pp. 21-27.

ALFRED STEPAN, "U.S. Policy and Puerto Rico", *Foreign Affairs: American and the World,* 1979, vol. 58, No. 3 (1980).

DAVID E. SIMCOX, "The Future of Puerto Rico: Self-Determination for the Mainland", *Open Forum,* 1981 p.2.

BEATRIZ DE LA TORRE, "Plebiscite Born In Carter Era", *San Juan Star,* July 3, 1989, pp. 1,12,13.

La teoría de la determinación mutua

Statement by the President, 26th Anniversary of the Commonwealth of Puerto Rico, *Presidential Documents,* 1978.

Carta del Presidente Jimmy Carter a Luis A. Ferré, 28 de febrero de 1989.

ROBERT PASTOR, "Puerto Rico as an International Issue: A Motive for Movement?" Richard Bloomfield (ed.), *Puerto Rico: The Search for a National Policy,* Westview Press, Boulder, 1985, pp.99-136.

JEFFREY PURYEAR, "Puerto Rico: An American Dilemma", en Pamela Falk (ed.), *The Political Status of Puerto Rico,* Lexington Books, Lexington, 1986, pp. 3-14.

El imperativo del costo

U.S. Department of Commerce, Economic Study of Puerto Rico, December 1979, Executive Summary, pp. 1-16.

JOSE JOAQUIN VILLAMIL, "Puerto Rico 1948-1979: The Limits of Dependent Growth", en Jorge Heine (ed.), *Time for Decision: The United States and Puerto Rico,* North-South, Lanham, 1983, pp. 95-116.

ELIAS GUTIERREZ, "The Transfer Economy of Puerto Rico: Towards an Urban Ghetto", en Heine (ed.), *op. cit.*, pp. 117-134.

Colegio de Abogados de Puerto Rico, "Resumen de Informes Congresionales de los Estados Unidos entre 1978 y 1987", *El Mundo,* 10 de marzo de 1989, pp. 11-14.

JUAN M. GARCIA-PASSALACQUA, "Las Relaciones de Puerto Rico y los EE.UU.: La Colonia Hacia la Independencia", en Marco Antonio Rigau y Juan M. García-Passalacqua (eds.), *República Asociada y Libre Asociación: Documentación de un Debate,* Atlántico, San Juan, 1987, pp. 129-147.

PAUL BLUSTEIN, "Looking Overseas to Save the American Economy", *Washington Post National Weekly Edition,* December 18-24, 1989, pp. 9-11.

El imperativo geomilitar

CONSTANTINE MENGES, "Puerto Rico: A Strategic Assessment -1980 to 1983", *International Strategic Issues,* Washington, vol. I, no. 7, October, 1980.

JORGE RODRIGUEZ BERUFF, *Política Militar y Dominación: Puerto Rico en el Contexto Latinoamericano,* Huracán, Río Piedras, 1988.

Commonwealth of Puerto Rico, House of Representatives, 10th Legislature, 3rd Session, *Report on Nuclear Weapons in Puerto Rico.*

Prepared Statement of Brigadier General M. J. Byron, Acting Deputy Assistant Secretary of Defense (Inter American Affairs), Department of Defense, Before the

160

Committee on Energy and Natural Resources, United States Senate, July 11, 1989.

Proceso de autodeterminación y dimensión internacional

Colegio de Abogados de Puerto Rico, El Colegio de Abogados y la Descolonización de Puerto Rico, 47. *Revista del Colegio de Abogados* 3, pp. 229-232, 233-241, 271-284, 303-307, 313-317.

Resolución del Comité de Descolonización de Naciones Unidas, 1978.

Resoluciones de la Asamblea General de Naciones Unidas 2625 (XXV) de 1970 y 43/47 de 1989.

El Mundo, 25 de julio de 1989, pp. 24 y 25.

La oferta de estadidad

Grupo de Investigadores Puertorriqueños, *Breakthrough from Colonialism: An Interdisciplinary Study of Statehood,* Universidad, Río Piedras, 1984, pp. vol. I, 3-64; vol. II, 1283-1478.

LUIS A. FERRE, *Discurso del Día de la Raza,* 1969.

CARLOS ROMERO BARCELO, *Statehood is for the Poor,* 1978.

RAUL SERRANO GEYLS Y CARLOS GORRIN PERALTA, "Puerto Rico y la Estadidad: Problemas Constitucionales", 40 *Revista del Colegio de Abogados* 4, pp. 521-534; 41 *Revista del Colegio de Abogados* 1, pp. 1-28; 42 *Revista del Colegio de Abogados* 1, pp. 1-31.

Propuesta del Partido Nuevo Progresista al Comité de Energía del Senado de los Estados Unidos, 1989.

La oferta de independencia

RUBEN BERRIOS MARTINEZ, *La Independencia de Puerto Rico, Razón y Lucha,* Línea, México, 1983, pp. 15-21, 141-167, 195-217, 304-319, 447-454, especialmente pp. 101-135.

Este libro se terminó de imprimir
el día 27 de mayo de 1992,
en los Talleres Gráficos de
Impresos Emmanuelli, Inc.
Apartado 142, Aguas Buenas
Puerto Rico 00703